A Door to the Future

未来へのトビラ
File No.005

一点突破
岩手高校将棋部の勝負哲学

岩手中・高等学校
囲碁将棋部顧問 藤原隆史
Takashi Fujiwara

観戦記 大川慎太郎
Shintaro Okawa

ポプラ選書

カバー装画　イシヤマアズサ
カバーデザイン　bookwall

いってんとっぱ　【一点突破】

ある目標を達成するために、
物事の最も重要な部分に集中して力を注ぐこと。
高校将棋《しょうぎ》・団体戦はチームワークが物を言う。
一見不利な戦いだとしても、
個々の力を結集すれば勝ち上がることができる。

はじめに

岩手中・高等学校は、岩手県盛岡《もりおか》市にある県内唯一《ゆいいつ》の私立中高一貫《いっかん》教育の男子校である。私はここで数学を教える傍《かたわ》ら、岩手高校将棋部（正式名称は岩手中・高等学校囲碁《いご》将棋部）の顧問《こもん》を務めている。

2013年8月、我が部は全国高等学校将棋選手権大会・団体の部で3年連続日本一の座を獲得《かくとく》した。この大会は野球部でいう甲子園《こうしえん》のようなものである。この最も白熱する舞台《ぶたい》に現在12年連続で出場し、7年連続表彰台《ひょうしょうだい》に上がり続けている。

「頭脳の格闘技《かくとうぎ》」といわれる将棋の世界では、いわゆるエリート校の生徒が勝って当たり前という風潮がある。実際、全国大会上位の常連には麻布《あざぶ》、灘《なだ》、東海《とうかい》……といった有名進学校が名を連ねる。

そのような中、「ごく普通《ふつう》」の高校である我々の存在は、はっきり言って異色かもしれない。おそらく将棋大会の会場で模試をやったらウチの学校が最下位なのではないだろうか。

しかし世間のイメージや既存《きぞん》の価値観を理由に何かを諦《あきら》めるのは、とてもつまらないことだ。

「そんな常識、ウチらがくつがえしてやろう、上等じゃないか!!」

逆に闘志《とうし》がみなぎるというものだ。

岩手中高が掲げているスローガンに「石桜精神《せきおう》」というものがある。その由来は、盛岡市の盛岡地裁前にある国指定の天然記念物「石割桜《いしわりざくら》」である。石割桜とは、大きな岩のわずかな隙間《すきま》から伸《の》びる桜の樹《き》。本校の創設者はこのスローガンに、馬鹿《ばか》でかい岩を真っ二つにかち割って春に大輪の花を咲かせる桜のような精神――厳しい環境《かんきょう》でも「コノヤロー!!」と堪《こら》えて結果を出す、どんな逆境も乗り越《こ》えられる力を、生徒たちに培《つちか》ってほしいという願いを込《こ》めた。

私も学生時代の6年間をここで学び、約20年間を教員として過ごすうち、この石桜精神がすっかり染みついてしまったのかもしれない。

なぜ、岩手高校将棋部は、並みいるエリート校を抑《おさ》えて何度も日本一になることができているのか。戦力的に不利な状況《じょうきょう》であっても、全国大会で勝ち進めるのはなぜか。

本書では、ゼロから立ち上げた地方都市の高校の弱小将棋部を独自の方法で強化し、全国屈指《くっし》の強豪《きょうごう》にまで成長させてきた過程を振《ふ》り返りながら、極めて自己流の指導論・勝負哲学《てつがく》をお伝えしたい。

2014年6月

岩手中・高等学校囲碁将棋部顧問　藤原隆史《ふじわらたかし》

一点突破／目次

第1章
岩手高校将棋部ができるまで

1993–1996

1、ゼロからの出発

物理部で出会った3人組

「君たちは将棋《しょうぎ》ができるのか、じゃあちょっとやってみるか？」

１９９３年の初夏、私はとある場所で高校生と一局指していた。

岩手高校を卒業してから青森県内の工業大学に進んだ私は、４年次の教育実習で母校を訪れた。たった２週間という短い期間だったが、数学の授業の他に「物理部」を受け持たせてもらった。当時、岩手高校の物理部といえば、高校の部活動ながら独自の研究発表が注目を集めるなど、活気溢《あふ》れるクラブだった。その一角で実験の合間にポケット将棋盤《ばん》で遊んでいる３人組が目に留まり、将棋の腕《うで》に少し自信があった私は声をかけたのだった。皆《みな》、1年生だという。

「3人の中で一番強いのは誰《だれ》だ？」

手を挙げた子と勝負して私が、あっという間に打ち負かすと、彼《かれ》らは「おおっ！」と歓喜《かんき》し、目を輝《かがや》かせた。

「先生、もう1回お願いします！」

その後数日間は、物理部を監督《かんとく》しながら暇《ひま》を見て彼らの相手をしてやった。

そして翌年の4月、私は運よく母校の数学科教諭《きょうゆ》として採用された。教育実習の最終日、校長に「教職が第一志望なので、空きがあればぜひエントリーさせてください」とアピールしたのが功を奏し、就職活動中、校長直々に「ウチに来ませんか？」と電話がかかってきたのだ。その場で「行きます！　やります！」と即答《そくとう》して採用決定。電話1本で採用なんていまではあり得ないことだが、学校側としてはまったく知らない人間よりは教育実習で教壇《きょうだん》に立ち、なおかつ岩手中高のOBでもある私を採用するほうが安心だったのだろう。絶妙《ぜつみょう》なタイミングだった。

着任するやいなや、あの3人組が私のところへやって来た。

「先生、来てくれたんですね。僕《ぼく》たちにまた将棋を教えてくれませんか？」

生徒に慕《した》われるのは嬉《うれ》しいが、新米教師の私は戸惑《とまど》った。自分に求められているのは、まずは数学の授業と校務を一人前にこなせるようになることだ。他の先生方に「新人のくせに将棋で遊んでやがる」と勘違《かんちが》いされても困る。しかし彼らの熱意に押《お》された私は、条件つきで承諾《しょうだく》することにした。

「放課後5時以降、個人的になら、いいよ」

こうして勤務時間終了後の夕方、3人組に将棋の稽古《けいこ》をつける日々がはじまった。

初心者ばかりの同好会

半ばボランティアで3人組の相手をしていたある日、彼らから相談を持ちかけられた。

「先生、僕ら大会に出てみたいんですけど」

大会？　はてな、出ようと思って出られるものなのか？

将棋の強さを示す目安として「段・級」という制度がある。大雑把《おおざっぱ》に言えばルールを覚えたばかりの初心者は10級で、そこから9、8、7と上がり、1級の次が初段。私の見立てでは彼らはまだ8級～5級程度で、完全なる初心者だ。大会に出たって、勝負にならんだろう……。

同時に、大会に出てコテンパンにやっつけられたらキッパリと諦《あきら》めがつくのではないか、このままグダグダ遊んでいるより受験勉強にシフトさせたほうがよいのではないか、という考えも頭を過《よ》ぎった。

高校生が出場できる将棋大会の日程を調べると、全国高校将棋選手権の県予選が近々おこなわれることが分かった。そこで私は他の先生や校長に「責任を持って連れて行きますから、1回だけ出場させてください」と話をつけ、特別に大会出場の許可をもらった。

これが、我が校が初エントリーした将棋大会だった。

出場にともなってチームの形式をとるため、3人組が発起人となって「将棋同好会」を結成した。メンバーは吉田光晴《よしだみつはる》君、小国寿之《おぐにのぶゆき》君、内村章良《うちむらあきら》君。将棋が一番強くて社交的な性格の吉田君がリーダーになった。

この3人組の無謀《むぼう》な行動が、岩手高校将棋部の長い歴史の幕開けになるとは思いもしなかった。

高校棋界の一大イベント

高校生が出場できるアマチュア将棋大会には、「高校3大大会」と呼ばれる公式戦がある。

・全国高等学校将棋選手権大会(=全国高等学校総合文化祭将棋部門)
・全国高等学校将棋竜王《りゅうおう》戦
・全国高校将棋新人大会

他に公式戦ではないが、全国オール学生将棋選手権戦、学生将棋選手権、高校生将棋王将戦などの大会が一般《いっぱん》戦(学生戦)としてよく知られている。

中でも各校が最も力を注ぐのは、夏におこなわれる全国高等学校将棋選手権大会

（以下、高校将棋選手権）である。この大会の出場枠《わく》には「個人の部」と「団体の部」がある。個人の部は文字通り1対1で勝負するものだが、団体の部は各都道府県の予選を勝ち抜《ぬ》いてきた代表校（前年度優勝した都道府県は2チーム参加できる）が、3人1チームで対局をおこない、全員の勝敗で結果が決まる。

個人戦を制するには、あくまでも個人の実力・鍛錬《たんれん》の成果が問われる。たとえ部としての活動が盛んでなくとも、顧問《こもん》が将棋をまったく知らない人だったとしても、強い選手が1人入学すれば3年間個人の部で勝ち続けることも可能で、学校の環《かん》境《きょう》はあまり影響《えいきょう》しない。

しかし団体戦には、学校としての取り組みが顕著《けんちょ》に表れる。部としての力、つまり各校の「生徒を育てる力」が問われる種目なのである。

全国オール学生選手権でも団体戦はおこなわれるものの、出場資格は「小・中・高・大・大学院いずれかの現役学生で、同一校1チーム5人」。腕試しという意味合いが強い大会である。また、高校王将戦にも個人・団体戦があるが、学校単位でなくとも仲間内でチームを組むことが可能なので、各校対抗《たいこう》試合となる高校棋界《きかい》の一大イベントといえばやはり、高校将棋選手権なのだ。「将棋部の甲子園《こうしえん》」と言っても過言ではなく、毎年白熱した戦いが繰《く》り広げられている。

はじめての大会出場

初出場となった1994年の高校将棋選手権・県予選は、団体の部にエントリーした。団体戦では大将、副将、三将の3人1チームで戦う。大将・吉田君、副将・小国君、三将・内村君だ。

結果は1回戦でボロ負け。

完全に手合い違《ちが》い（実力差がある）で「秒殺」といっても差し支えない内容だった。当時、岩手県の高校棋界は、団体では盛岡一高が最強で負け知らず、個人では盛岡三高の生徒が1人飛び抜けている状況《じょうきょう》だった。3人組も実力差を感じて諦めがついただろうと私は踏《ふ》んでいた。これで満足しただろう、と。ところが彼らは予想外の反応を見せた。

「先生、秋にも大会があるらしいですよ、次はそれを目指して頑張《がんば》りたい」

メゲると思っていたのに、なんで――。

しかし彼らの練習に向かう姿勢は目を見張るものがあった。普通《ふつう》そこまでやらんだろう、というくらい熱心なものだった。毎日私の仕事が終わるのを待っていて教えを乞《こ》い、たまにどうしても忙《いそが》しくて「今日は面倒《めんどう》見られないから」という日があると、ものすごくがっかりしていた。初心者である3人組にとっては、私が稽古をつけることによってはじめて「練習」としてプラスの材料が得られる。具体的な戦法や戦型を示すと、どんどん吸収して短期間に目覚ましく進歩していった。

よっぽど将棋が好きなんだな。

これだけ好きならマジで強くなれるかもしれない。

本人たちがそこまでやる気があるなら、やらせてみようか――。

私は将棋同好会の活動を支えることにした。

警備員に怪しまれる

秋におこなわれる県新人大会を目指し、再び「将棋同好会」としての活動がスタートした。しかし我々には練習場所もなければ、道具も参考書もない。「同好会」とはあくまでも校内で未公認の組織であり、自主的な活動とみなされていたのだ。

岩手中高では校内の課外活動には、次の3つの段階が設けられている。

・第1段階「同好会」……学校未公認組織。物好きの集まり。当然、顧問や予算もない。
・第2段階「クラブ」……学校公認組織。活動実績があり一定メンバーを有している「同好会」が、生徒会・職員会議の承認を経て昇格できる。顧問は配属されるが予算はない。
・第3段階「部」……学校公認組織。活動実績が認められたクラブが、生徒会と職員会議の承認を経て昇格できる。県大会での入賞、ベスト4に入るなど相応の実績が必要。顧問も配属され、予算もつく。

未公認組織の我々は、放課後、盤駒《ばんこま》を持ち寄って空き教室を転々としながら練習をした。まだ校内の認知度も低く、暗くなった教室に居残って対局していたら警備員の方に怪《あや》しまれて「校舎に遅《おそ》くまで残ってゲームをしている生徒と教員がいる」と警備日誌に書かれ、教頭からお叱《しか》りを受けたこともあった。

練習方法は私が3人の相手を同時にする多面指しをしたり、2人ずつ対局させたり、文字通り「手とり足とり」の直接的な指導をしていた。

予想外の大躍進

将棋同好会として2度目の大会参加となった秋の県新人大会・個人戦では、ちょっとした番狂《ばんくる》わせが起こった。初期メンバー3人のうちで一番弱かった内村君がなんと、するする勝ってベスト8に入ったのだ。

内村君は接戦に次ぐ接戦が続いたが、際どい局面でちょうど勉強したばかりの戦型が打開策となって勝利を収めた。この半年間、雪辱《せつじょく》に燃えて練習に励《はげ》んだことが結実し、本校勢初入賞につながった。予想外の飛躍《ひやく》だった。

一方、期待していた主将の吉田君は、初戦で後に準優勝する選手と当たって早々に敗退。大会では当たりの善し悪しによってこうした番狂わせが起こる。

岩手高校では部活動の大会が終わると、全校生徒の前で結果を発表する「報告会」をおこなう。我々同好会も学校未公認組織ではあったが、壇上《だんじょう》に上がらせてもらった。いまでこそ「県ベスト8」は通過点だが、1994年、県大会で入賞できるような部は校内に数えるほどしかなかったのだ。

主将の吉田君は、大会の模様を自信たっぷりにレポートした。彼はものすごく弁舌が達者で、それほどたいしたことのない対局の様子をやたらと臨場感たっぷりに喋《しゃべ》り倒《たお》した。

「このとき窮地《きゅうち》に立たされた内村は、持ち前の〝石桜精神〟を発揮し、奮起したのです!!」

まるでドキュメンタリー番組のナレーターのようだった。石桜精神とは岩手中高のスピリット、逆境に負けない精神を象徴《しょうちょう》するスローガンである。生徒だけでなく教員までもが彼の話に一気に惹《ひ》きつけられ、校長の訓話よりも注目を集めた。

この吉田君の類《たぐい》まれなトーク術は、将棋同好会の認知度アップに貢献《こうけん》した。少しずつ「将棋同好会って、なんだか一生懸命《いっしょうけんめい》やっている組織じゃないの」という温かい空気が校内に広がったのである。

クラブ昇格

教員になって2年目の年、私は早くも中学1年生のクラス担任を任された。担任を持つと自分の管理下で教室を使用することができる。そこで放課後は、自分のクラスを同好会の練習拠点《きょてん》にした。仮の部室を持つことができたのだ。他所《よそ》の教室を転々としなくともよくなり、盤駒などの道具を置くスペースが確保できて机も自由に使える。まだ「部」ではなかったが、見かけだけは随分《ずいぶん》しっかりとした活動をしている組織になった。

同好会結成から1年が経《た》つと、私が教えているクラスや担当していた水泳部から将棋好きな生徒がじわじわと集まってきて、メンバーは十数人になった。リーダーの吉田君は後輩《こうはい》たちの今後を鑑《かんが》み、生徒会にクラブ昇格を何度か打診《だしん》していた。しかしたった1年程度の活動歴では「まだ実績不足」という理由ですべて却下《きゃっか》された。当時、羽生善治氏の七冠挑戦もあり、世間は将棋ブーム。この同好会も「一時的なブームに終わるんじゃないか」と懸念《けねん》する見方もあったのだ。「いい材料がないのに、申請《しんせい》したって却下になるに決まってるだろ。物事はタイミングがすべてだ」

私は少しでも大会で成績を伸《の》ばすこと、そしていい材料が少しでもできたら「報告会」でアピールし、その直後にすかさず生徒会にクラブ昇格を申請するよう吉田君に入れ知恵した。

吉田君はアドバイス通り行動し、1995年10月、将棋同好会2年目の秋に晴れて「将棋クラブ」への昇格が認められた。おかげで私は正式な「顧問」となり、人目を気にせず勤務時間内に将棋を指せるようになった。

2年間主将を務めた吉田君と吉田君のよきライバルであった小国君は、引退までに二段程度の実力をつけた。対局中はいつも扇子《せんす》を愛用していた内村君も最終的には初段くらいの腕前になった。「好きこそ物の上手なれ」とはまさにこのことである。吉田君は現在、将棋部OB会の会長として、いまも皆のまとめ役を務めてくれている。

クラブ昇格後におこなわれた県新人大会では1、2年生が健闘《けんとう》し、団体3位初入賞。華々《はなばな》しい大会デビューを飾《かざ》ることになった。

県大会で起きた事件

同好会を結成して1年目に個人戦で県大会ベスト8の生徒を輩出《はいしゅつ》し、2年目に団体3位入賞。

そして1996年の高校将棋選手権・県予選、コツコツと勝ちを積み上げ、ついに団体戦で優勝をかけて戦えるほどのチャンスに恵《めぐ》まれた。

準決勝の相手は盛岡四高。

1勝1敗で迎《むか》えた大将戦は完全な劣勢《れっせい》で、「負けた」と思った矢先に事件が起きた。たまたま流れの中でかかった王手を相手が見落とし、放置したのだ。普通《ふつう》ではあり得ない出来事で勝利し、決勝へコマを進めることができた。

決勝の相手は県内屈指《くっし》の強豪《きょうごう》・盛岡一高。

結果は1勝2敗で敗退。負けた2つの試合の内容は「接戦」とは言えず、まだ実力差が感じられた。しかし悔《くや》しさよりも県大会で準優勝だなんて、よくここまで来られたなあという感慨《かんがい》のほうが上回った。

その後、全国大会に出場した盛岡一高は、3位に輝《かがや》いた。

あれくらいの実力があれば、全国で上位に食い込《こ》めるのか。

ウチらは、全国3位の学校と1勝2敗で勝負できたのか。生徒たちも私も、ここで「全国」をはじめて意識した。独自の練習を続けてきた自分たちのやり方に自信が持てた瞬間《しゅんかん》でもあった。

あと少し頑張れば、ウチらも全国に行けるかもしれない。

ここまで来たら、行かないわけにはいかない。

来年はなんとしても盛岡一高を倒し、県で一番になる。
そして全国大会に行く——。
この大会以降、メンバーの目標が「全国大会出場」になった。

キーパーソンを誘う

1996年、私はある生徒と知り合った。岩手県の中学生大会で以前から何度か見かけていた吉田飛鳥《よしだあすか》君だ。中学3年生だった彼は早くも全国大会を経験し、岩手県棋界にその名が轟《とどろ》いていた。彼みたいな子がウチのクラブに入ったら面白い。彼もウチの学校の環境ならば、もっと伸び伸びと実力を伸ばせるのではないか。

そんな考えから吉田君とご両親にお会いしたのだった。話をするうちに彼が地元の工業高校に進学しようと考えていること、高校で将棋を続けるかどうか悩《なや》んでいることが分かった。工業系の高校に行くのもいいけれど、大学の工学部に行けばもっと深いものが学べる。私自身が岩手高校から工業大学に進んだから、受験のための相談にものれると思う。ウチの学校に来て、一緒《いっしょ》に進学も将棋も両方頑張ってみないか？　と、私は彼に入学を打診した。

ウチの将棋クラブはいま、県大会で2位のレベルまで勝ち上がって、来年は1位を狙《ねら》えるポジションにいる。最初から1位の学校に入って1位をとるよりも、2位の学校に入って1位に押し上げたほうが、自分の存在がより輝くんじゃないか。

私の熱弁に賛同してくれたのか、吉田君とご両親は岩手高校を進学先に選ぶ決断をしてくれた。

これで、全国大会出場へのフラグが立った。

自分たちの実力だけで県大会の上位に到達《とうたつ》できるところまできたからこそ、さらに上を目指したい。私がおこなった最初のスカウト活動だった。

意志あるところに道はある

たとえば人類がまだ踏破《とうは》したことがない山があるとする。そこに「登りたい」という意志を誰も持たなければ、永遠に頂上に到達することはできない。ただし、そこに「行こう」という意志を持つ者がいれば道ができる。

いまから20年ほど前、物理部で出会った将棋好きの3人組が、「先生、大会に出てみたいんですけど」と言い出したことがきっかけで将棋部は誕生した。最初に道を作ったのは間違《まちが》いなくあの3人組の「将棋が好き」「もっと強くなりたい」という意志だった。

彼らに会うといまでもよく話すことがある。

「全国優勝した生徒たちが酒を飲める年齢《ねんれい》になってOB会に来たとしても、おまえたちが一番偉《えら》そうにしていていいんだぞ。おまえたちがいなければ、この部はなかったんだからな」

たとえ登頂できずに戻《もど》ってきたとしても、途中《とちゅう》までの道はできている。その後を後進が辿《たど》って少しずつ道を継いでいけば、いつかは頂上まで行ける。初代同好会の3人組は、後輩たちに将棋部の「道」を拓《ひら》いてくれたのだ。

1997–2002

2、全国大会行きの切符

戦国時代を制する

全国大会に行くことが目標になり、部として団体戦を重視するようになった。個人で全国大会に出場するには数百人の参加者の中で1位にならねばならないが、団体ならば10～15チーム中1位になればよい。せっかく部活動で取り組んでいるのだし、確率が高いほうに力を入れたいと考えるのは、顧問として当然のなりゆきだった。

吉田飛鳥君がクラブのメンバーに加わった4月、腕試しに主将でエースの3年生・小屋敷亮介《こやしきりょうすけ》君と対局した。結果は吉田君の勝ち。

「もう僕は副将にまわるから、吉田君が大将になってくれ」

即戦力《そくせんりょく》になる吉田君の実力を認めた小屋敷君本人からの提案で、吉田君は1年生ながら大将に抜擢《ばってき》された。他のメンバーも皆、県大会で勝ち上がることを第一に考えていたから先輩《せんぱい》も後輩も関係ない。「全国大会出場」のために最善の策をとりたい。全員の気持ちはひとつだった。

1997年5月、高校将棋選手権・県予選団体戦。

この年、県内で圧倒《あっとう》的な強さを誇《ほこ》り4連覇《れんぱ》していた盛岡一高が、主要メンバーの卒業により弱体化。これからはどの学校が勝ってもおかしくない、「戦国時代」がやって来るともっぱらの評判だった。

これは行けるかもしれない。そんな手ごたえがあった。

決勝は王者の意地をかけ、勝ち上がってきた盛岡一高と対戦。

1勝1敗のまま迎えた最後の一局で副将の小屋敷君が勝ち、これまで敗北し続けていた盛岡一高に2勝1敗で雪辱を果たした。

とうとう岩手県の頂点に立った。ついに獲《と》った。

やっとここまで来たか――。

ところが全国大会に行けると決まった後、私は大きな問題に直面した。この年の高校将棋選手権の開催地《かいさい》は奈良県（開催地は各都道府県持ちまわり制）。盛岡市から現地までの交通費と宿泊費《しゅくはく》を試算したら1人6万円くらいかかることが分かったのだ。校内の規則ではクラブに「予算」は割り当てられていない。これでは生徒の家庭に負担がかかりすぎるし、さらに現地での滞在費《たいざい》も必要になる。

これは、大変だ……。

参加することしか考えてなかったけど、どうすりゃいいんだ。

費用の捻出《ねんしゅつ》方法に頭を悩ませていると、数学科の先輩で飲み仲間でもあった岡《おか》本久雄《もとひさお》先生が助け舟《ぶね》を出してくれた。岡本先生は私より7歳《さい》上で、勤務は6年先輩。「ウチの数学はもっとこうでないと」などと日頃《ひごろ》から授業や学校のことで熱い議論を交わす尊敬する先輩であり、同志であった。

「藤原君が全国大会に行くのでカンパを募《つの》っているんだけど、のらない？」

岡本先生が全職員に声をかけてくれたおかげで、約50人から3000円ずつ集めてもらい、有難《ありがた》いことに全員分の費用に充《あ》てることができた。職員のカンパで予算を捻出するなんてとんでもないことだが、事情が事情だっただけにこのときばかりは「助かった！」と、心底感謝した。奈良から帰校した日には、生徒たちと職員全員の間を「ありがとうございました！」と頭を下げてまわり、お土産を手渡して改めてお礼《れい》を述べさせてもらった。

この一件で「全国大会に行くのに予算がつかないなんて、辛《つら》いよね……」と同情の声が上がった。

思わぬ壁

はじめて経験した全国高校将棋選手権は、想定外の事態に見舞《みま》われた。

団体戦予選トーナメント1回戦の相手は早稲田《わせだ》学院（東京）。

早稲田学院はそれまで4連覇していた麻布（東京）を都予選で抑《おさ》えての出場で、チームのメンバーは見るからに強そうなオーラが出ていた。

結果は0勝3敗でコテンパン。

ところが相手の強さに圧倒される以前に生徒たちが面喰《めんく》らったのは、最新式の「対局時計」だった。

岩手県大会ではアナログ時計が使われており、「秒読み」は人間がストップウォッチを見ながらおこなっていた。自動読み上げ式で、電子音が鳴って持ち時間を知らせるタイプの対局時計など目にしたことがなかったのだ。それでも落ち着いて対応できていればよかったのだが、はじめての大舞台《おおぶたい》で緊張《きんちょう》もあった。完全に大会の雰囲気《ふんいき》に飲まれてしまっていた。

ブザーが鳴ってもどこでどう指せばいいのか分からない。

この音は何の合図なのか……。

すっかり戸惑った生徒たちは、本来の調子を出しきれないまま試合終了《しゅうりょう》となった。

せっかく全国大会にまで来たのに、たかが道具のせいで負けるなんて冗談《じょうだん》じゃない。私は盛岡に帰って早々、大会で使われていたのとまったく同じ対局時計を2台注文した。アナログ式の対局時計が約8000円だったのに対し、自動読み上げ式は1万2000円、じつに1・5倍の値段だ。クラブの予算はなかったから当然、自腹である。かなり奮発した買い物だったが、技術面をここまで伸ばしてこられたのだから、環境面も一刻も早く全国レベルに引き上げなければと必死だった。

クリスマスに自宅で合宿

1998年4月、将棋クラブは「将棋部」に昇格した。

前の年、いつもは全国大会常連のテニス部などの運動部が軒並《のきな》み県大会で敗退、将棋クラブが唯一《ゆいいつ》全国大会出場を果たしたこともあって生徒会も職員も満場一致《いっち》で承認。副顧問に私と同じ数学科の菊池《きくち》博一《ひろかず》先生も加わり、部としての体制も補強された。

しかし、2年連続での全国高校将棋選手権・団体戦出場は叶《かな》わなかった。県予選の決勝で盛岡一高に0勝3敗で敗北。

この年は個人で高校竜王戦、高校新人大会の県予選を制する者はいたが、団体で県の壁《かべ》を突破《とっぱ》するのは依然《いぜん》として高いハードルだった。

この年の冬休み、私はクリスマスに何人かの生徒を自宅に泊《と》めて合宿をおこなった。部員それぞれの自主練習に任せるだけでは全国大会レベルに追いつかない。もう一歩二歩リードした練習をさせたいと考えたためだ。生徒の保護者からも食料を差し入れてもらい、食事は私と女房《にょうぼう》2人で作った。女房も将棋部の活動には協力的で、私が「クリスマスに家で合宿をやるから」と勝手に決めてきても「まあいいんじゃない」とサポートにまわってくれた。

2泊《はく》3日の日程で日中は近くの将棋道場に行かせ、夕方からは自宅で対局。家が近い生徒も通ってきて、来春の活躍《かつやく》が期待できそうな上級生3、4人が集まり、部の今後について話し合った。

どうしたら俺《おれ》たちはもっと強くなれるのか。

来年はどうしたら全国に行けると思うか。

集中的に練習するという名目ではあったが、この自宅合宿ですぐに具体的な成果を上げようというよりは、議論して結束を固める意味合いもあった。

松川温泉

1999年、主将だった吉田飛鳥君のお父さんが発起人となり、岩手高校将棋部の「父母会」が発足した。県大会で優勝し、今後が期待できる部に成長したことで生徒の保護者の熱も高まり、積極的にサポートしていこうという声が上がったのだ。

第1回「父母会」の会合では、「全員で合宿をやったらどうか」という意見が出た。たしかに強豪部に合宿はつきものだが大規模なイベントは予算的にも厳しい。他の部が学校に寝泊《ねと》まりして合宿を開催する例もあったが、吹奏楽《すいそうがく》部の演奏や運動部のかけ声などさまざまな音に囲まれた校内での合宿は、将棋に向かない。前年に自宅で合宿もどきをおこなっていた私にも、さすがに全員でやるのは非現実的に思えた。

「それならウチでやりゃあいいじゃないか」

手を挙げたのは、部員である高橋春樹《たかはしはるき》君のお父さんだった。

高橋さんの家は、岩手県八幡平《はちまんたい》市にある松川温泉郷で松楓荘《しょうふう》という旅館を営んでいた。市内から約1時間半の山中にある。ご自身も岩手高校ＯＢである高橋さんは「安くしてやるから、貸し切りでやればいいよ」と言ってくださり、夏に初の強化合宿を開催できることになった。

松楓荘は創業２７０年という由緒《ゆいしょ》ある宿で、川のせせらぎが聞こえる河川敷《かせんじき》に建っている。将棋を集中してやるには最適な環境で、以来、今日に至るまで強化合宿はこちらにお邪魔《じゃま》させてもらっている。

参加費は２泊３日で１人１万５０００円程度。現在は3月と7月におこなっている。

合宿中は学校スタッフ、ＯＢ、岩手県棋界の方々が指導役となる。レベル別のグループに分かれて畳《たたみ》の部屋に入り、盤駒を用意してそこでひたすら対局する。休憩《きゅうけい》時間以外は朝から晩まで将棋三昧《ざんまい》。夏は最終日に皆でバーベキューをする。

強化合宿をはじめて1年目は、私も直接生徒の指導に入って将棋を指していたから大変な忙しさだった。翌年から生徒の指導はＯＢや他のスタッフに任せ、全体を監督する立場に徹《てっ》するようにしたら全体がうまくまわるようになった。

たった3人の同好会だった時代から、あっという間に数十人規模の部活に発展した。何か新しいシステムを導入したり、構築したりするときの労力が100だとすると、次の年は同じ仕事を50で片付けられるようになり、翌々年は25になる。効率化すればその分、それまでできていなかったことに着手できる。新しい試みをはじめるのは相当なエネルギーが必要だが、経験値を積み重ねるほど部としてできることが増えていった。

バスを運転して遠征

2000年、団体戦で2度目となる全国高校将棋選手権出場を果たした。

1回戦の相手は駿台甲府（山梨）。3勝0敗で全国大会初の勝ち星となった。

2回戦は優勝校となった大阪星光学院（大阪）と当たり、敗退。

まだ初出場レベルより少し強いくらいで、全国レベルの大会の経験値が足りない。将棋の実力が足りないというより、精神面で戦い方のコツを心得ていないと実感した。全国大会に出てくるようなチームが多数参加する全国オール学生選手権など、より多くの場数を踏ませたいが、公式戦以外の遠征《えんせい》を増やせば生徒たちの負担も大きくなる。

そこで私は「大型免許」を取得することにした。ちょうど学校に同窓会の方から寄贈《きぞう》してもらったバスがあり、これを自分が運転すれば、遠征にも合宿にも生徒を大量輸送できて大幅《おおはば》に予算の節約ができると考えたのだ。仕事が終わってから2時間ほど教習所に通い、約3週間かけて免許を取った。教習所の費用は自腹だったが、年間の遠征費と保護者の負担を考えればたいしたことではない。

実際、全国オール学生選手権など関東でおこなわれる遠征にはバスが大活躍した。いまでは東京方面へ向かう東北自動車道の風景は、全部記憶《きおく》しているくらいだ。隣《りん》県《けん》の青森でおこなわれる一般戦にも生徒たちのレベルにちょうどよい大会が多く、たびたび赴《おもむ》いている。限られた予算内でやりくりするための苦肉の策だが、部員たちは移動の車内で楽しそうに過ごし、道中で仲間意識を強めることにも役立っている。

地図はなるべく見ない

遠征のたびにハンドルを握《にぎ》る私だが、じつは「地図」をあまり見ない主義である。頭を働かせて行動する「勘《かん》」を鈍《にぶ》らせたくないのだ。知らない街で車を走らせているときや旅行などでも、地図やカーナビはあまり使わない。

「思考代行業」（加藤秀俊《かとうひでとし》著、1972年）という好きな短篇《たんぺん》がある。これは著者が子どもにせがまれてナイター見物に出向いた体験をもとにした随筆《ずいひつ》で、野球観戦に物足りなさを感じた理由が深く考察されている。目の前でリアルな試合が展開しているのに解説なしではどう観《み》ていいか心許《こころもと》なくなった著者は、知らぬ間に「考える」行為《こうい》を他人に委《ゆだ》ねてしまっていたことに気づかされる。

これに近い例で、地図とにらめっこしてばかりで実際の道をよく見ていなかったとか、一度行ったことがある場所なのにカーナビの指示に従っていたせいで道を思い出せないということは案外、多いのではないだろうか。たいていの街では地図なんて見なくても、標識があるから目的地に辿り着けるようになっている。だからたまには「だいたいこの辺り」という自分の勘を信じて目的地を探してみろ、と生徒たちによく話している。

決勝で勝ち星のないコーチ

2002年に主将を務めた佐藤圭一《さとうけいいち》君は現在、我が部のコーチをしている。彼は高校に入ってから将棋をはじめたにもかかわらず、県大会の決勝までコマを進めた努力家だ。急速上昇で力をつけ、一躍《いちやく》県大会で優勝候補に名乗りを上げたが、なぜだか「決勝」だけに弱く、個人・団体ともに決勝戦での勝ち星がなかった。

2002年以降、岩手高校将棋部では部のリーダー（主将）は、前年度主将の指名制で決めている。3年生の主将が引退する前に自分のバトンを渡《わた》す後輩を、他のメンバーの前で発表するのだ。事前の相談はいっさいせず、いきなり告知するのが恒例《こうれい》になっている。圭一君はその指名制で選ばれた第一号で、卒業後もOBとして部の面倒をよく見てくれている。将棋の指導も巧《うま》く、生徒の気持ちもよく理解してフォローしてくれるので私も全幅《ぜんぷく》の信頼《しんらい》を寄せており、2011年からは正式にコーチに就任してもらった。生徒たちは私が言って響《ひび》かないことでも、年の近い圭一君が輪の中に入って「こうなんだぞ」と言えば皆、素直に聞いているようだ。

じつは圭一君が主将を務めた年は、部にとって「屈伸《くっしん》」の年であった。

高校将棋選手権の県予選、自信を持って挑《いど》んだ団体の部。

決勝で圭一君がまさかの敗北。落胆《らくたん》も大きかった。この悔しさをばねに翌年の部員たちは奮起、2003年以降現在まで団体戦では12年連続県大会で優勝してきた。一筋縄《ひとすじなわ》ではいかない勝負事の難しさをよく知っている圭一君だからこそ、部員を絶妙にサポートしてくれているのかもしれない。

てっぺんを目指すなら、ゼロからはじめよ

温泉合宿や顧問自らバスを運転しての遠征など、いまとなっては岩手高校将棋部にすっかり定着した取り組みである。しかし、もしも校内に将棋部が先にあってす

でにやり方が決まっていたとしたら、顧問としてここまで思い切った取り組みはできていなかっただろう。世の中には、改革をしたいけれど前々からの伝統で触《ふ》れられない部分があり、それが障壁《しょうへき》になるということが案外多い。ウチの部はゼロの状態からはじめたから、独自のルールを作っても誰にも反対されずにやってこられた。

頂点を極めたいのならば最初は少しくらい無謀だとしても、なんにもないところからスタートするほうがてっぺんを狙いやすいのかもしれない。

3、勝ち上がる条件

一匹の羊を探すために

これまで岩手高校と将棋部の話をしてきたが、「将棋」というものを知らない読者の方にもどんな競技なのかイメージしてもらうため、喩《たと》え話をしたい。

「亡羊乃嘆《ぼうようのたん》」という中国の『列子《れつし》』に出てくる逸話《いつわ》がある。ある人が逃げた一匹《ぴき》の羊を探すのに多くの人を駆《か》り出したけれど、結局羊を見つけ出すことができずに終わった。その光景を見た者が「たった一匹の羊を探すのに仰々《ぎょうぎょう》しい」と言ったところ、その人は「分かれ道が多く、分かれ道の先にまた分かれ道があるので、羊の行方は分からなかった」と応《こた》えた。

この話はしばしば学問の道の複雑さに喩えられる。私は将棋の初心者に定跡《じょうせき》（最善とされる指し手の定番）を覚えさせる前にこの話をする。

将棋は一手一手の積み重ねで、自分の王将がどうやっても取られてしまう状況（詰《つ》み）になると判断したとき、勝敗が決まる。一手ごとに選択肢《せんたくし》が増え、天文学的に何通りものパターンが広がっていく将棋の盤面《ばんめん》を「先読み」する。その速さと正確さ、読みの深さを目前の相手と競っているのだ。相手の先読みをリードするには、羊の通った道（定跡）の可能性をできるだけ多く知っているほうが羊を見つけ出す（勝つ）ために有利に運ぶ。

将棋は理詰《りづ》めで考える競技だから理系が有利だとイメージされがちだが、我が部で活躍した歴代メンバーを思い浮《う》かべてみても文系・理系は半々だ。瞬時《しゅんじ》に手を読むときに使う「演算力」は理系寄りの能力かもしれないが、定跡を覚えていないと実戦に対応しづらい点では文系的な「記憶力」が物を言う。

将棋が強い人はこの2つの力に加え、未知なる局面での「判断力」、この3拍子が揃《そろ》って秀《ひい》でていることが多い。限られた時間の中で何かを選ばなければならないとき、頼《たよ》りになるのが判断力である。これは、「着眼点」と言い換《か》えてもよい。

4人目の選手

2003年、我が部は3年ぶりに全国高校将棋選手権出場を果たした。

この年は団体戦のメンバー構成にちょっとした試行錯誤《しこうさくご》があった。当初全国大会経験者の庵原佑君《いおはらゆう》が候補に挙がっていたのだが、個人戦に出場させることにしたのだ(団体・個人両方出場は不可)。指し手に冒険《ぼうけん》の多い棋風《きふう》の庵原君は個人戦向きで、事実、県大会での優勝経験があった。今回もぜひ個人戦で県大会を制してほしいと考えたが、惜《お》しくも叶わず全国大会出場はならなかった。

それでも庵原君は「4人目の選手」として、福井県の大会会場まで団体戦メンバーの応援《おうえん》に駆けつけてくれた。団体戦では皆の思いが結集していなければ勝てない、というメンバーの総意が背景にあった。

大会の結果は3年前と同様、2回戦敗退。

その後2004年、2005年の同大会団体戦では勝ち数を1つ増やして2回戦突破、ベスト16に入った。このときは2年連続で洛星《らくせい》（京都）に3回戦で敗北。翌2006年は大会ルールの変更《へんこう》により、ベスト8手前の9位で足切り。環境面も技術面も強化していたが、全国では勝って1つか2つで、ベスト16で叩《たた》き落とされてベスト8までは行けないという年が数年続いた。

囲碁班の誕生

将棋強化の一環《いっかん》で2003年から「囲碁《いご》」を練習に取り入れた。囲碁で養われる全体でのプラスマイナス勘定《かんじょう》ができるような感覚、大局観を身につけさせたかったのだ。将棋では争点となっている一部分での読みの深さが問われるように見えるが、それをかなり前から考慮《こうりょ》し、狙いのある手を展開するためには大局観が必要なのだ。

さらに2004年、部に浦辺賢太郎《うらべけんたろう》君という囲碁の強い新入生が入ってきた。中学の頃から囲碁大会で頭角を現していた浦辺君がせっかく入ったのだから、「囲碁班」を作って「囲碁将棋部」に改名した。

普通ならば1人強い子がいても、抜けたらそれで終わり。でもせっかくいい環境ができるのだから、浦辺君が在籍《ざいせき》している間に他の生徒にも囲碁をやらせて強化してはどうかと考えたのだ。浦辺君の他にあと2名戦える生徒がいれば団体戦に出場できる。部の中で囲碁将棋どちらもできる生徒を囲碁にシフトさせ、初期の将棋同好会時代のように手とり足とり指導にあたった。将棋は同好会結成から4年目に団体戦で全国大会出場を果たしたので、囲碁もそのノウハウを生かして3年以内に全国大会に出場できればと考えた。

私は将棋を小学2年のとき、囲碁は大学生のときに覚えた。将棋はアマ四段で、囲碁に関しては教員になってからも八戸《はちのへ》市にある天玄会《てんげんかい》という道場に通い、アマ六段になった。将棋は若くて勢いがある人のほうが強いが、囲碁は経験を積んでいるほうが有利な側面がある。2009年からは強化合宿に私の師匠《ししょう》である天玄会の澤《さわ》藤祐己《ふじゆうき》先生に参加していただくようになった。おかげで全国大会の上位に食い込むような実力ある生徒が育っていった。いまでは高校1年から囲碁をはじめたとしても卒業時に三、四段程度になれる環境が整っている。

将棋は競馬で、囲碁は野球

よく「将棋と囲碁の違《ちが》いは何ですか?」と訊《たず》ねられるが、「将棋は競馬で、囲碁は野球」というのが最近、私が発見した法則である。

将棋は「玉」をどちらが先に詰ませるか、「速度」を競う競技。これに対し、囲碁は地合《じあい》（点数・ポイント）を競っている。そう考えてみると、世の中にある試合や勝負事はすべて速度か点数かどちらかを競っていることに気づく。競馬・競泳・ボブスレーは速度で、野球・サッカー・センター試験などは点数を競っている。将棋と囲碁の違いに関してはいまのところ、この説明が一番しっくりくる。

生徒による観戦記

「岩手日報」の囲碁・将棋欄《らん》では、地元に関連のある将棋大会の観戦記を掲載《けいさい》している。私はこの欄でしばしば観戦記を執筆《しっぴつ》している。

あるとき県大会決勝戦の対局者が岩手高校の生徒同士のことがあり、「身内戦ですから先生に書いてもらっていいですよね」と記者の方に頼《たの》まれて引き受けた。その対局は対局者だけでなく記録係も岩手高校の生徒だったので、ならばそれぞれの目線で1人1譜《ぷ》ずつ書いたら面白いじゃないかと考えた。最初の1譜と最後の5譜は私が、2譜は先手、3譜は後手、4譜は記録係の生徒がリレー形式で書いたら、これが読者に好評だった。以来、年に何度かこうした形式の観戦記を書いている。「文章が苦手だ」という子も「周りが手助けするから大丈夫《だいじょうぶ》だ」と言って書かせて、上級生が面倒を見る。これを書くことで複数の視点で対局を分析《ぶんせき》できる。紙面に掲載されるとなれば真剣味《しんけんみ》も増す。自分たちの将棋を見直し、現段階での結論を見出《みいだ》そうと必死に考えるから、より深いレベルでの感想戦（読み筋や最善手の検証）が可能となる。さらには文章表現力が身について、将来推薦《すいせん》入試などで出題される小論文にも役立ち一石二鳥の価値を生む。

2007–2010

4、突破口

プロ棋士の指導対局

2007年夏、強化合宿にはじめてプロ棋士《きし》をお招きした。それまで岩手県内のアマ強豪にも指導していただいたが、だんだん生徒が強くなって教えられる人が身近にいなくなったのだ。そこで日本将棋連盟の方に指導者の派遣《はけん》をダメもとでお願いしたら、ご快諾《かいだく》くださった。普段《ふだん》、プロの指導を受ける機会などない生徒たちにとっては夢のような話である。最近では盛岡市に普及《ふきゅう》活動に訪れる棋士の方も多くなったが、首都圏《けん》に比べれば地方は機会に恵まれない。

強化合宿では全国大会に出場する生徒たちを中心に指導対局をしていただき、2

泊3日朝から晩まで松川温泉で過ごしていただく。

とくに夏の合宿は例年、全国高校将棋選手権の2週間前に実施《じっし》する。この時期におこなうのには理由がある。合宿の場でプロ棋士に実際に全国大会で使おうと思っている戦法を見てもらい、弱点や発展型などについて多角的な指導を受ける。そのうえで自分の戦法を軌道《きどう》修正し、試行錯誤しながら実戦で使えるレベルまで磨《みが》き上げ、万全の状態で全国大会に臨むにはだいたい2週間を要するのだ。

実践《じっせん》的なプロ棋士の指導は、ある程度の実力がなければ理解しきれない。さまざまな大会で経験を積み、土台が出来上がってきている生徒は、プロ棋士ならではの指し手の感覚や勝ち方を指導対局から貪欲《どんよく》に学び取っている。

全国3位表彰台

2週間前に強化合宿を設定したおかげで、全国大会をよいコンディションで迎えることができた。2007年は主将の工藤元《くどうはじめ》君(3年)、岩泉毅《いわいずみつよし》君(2年)という強豪が所属し、戦力も申し分なかった。

プロ棋士の指導対局の甲斐《かい》あってこの年、全国高校将棋選手権の団体戦は予選を4戦全勝で抜けられた。

準決勝の相手は青森高（青森）。惜《お》しくも敗退したものの初入賞、全国3位の座に着くことができた。

決勝に進んだ青森高は城北《じょうほく》高（東京）に敗れて準優勝。

城北高は予選で1敗、一方岩手高校は予選4戦全勝。

「これは、互角《ごかく》に戦えるかもしれない」

次は狙える、ついに「優勝」を狙えるところまで来たと思った。

岩手県勢では1996年に盛岡一高が全国3位になったのが最後で、入賞は長らくなかった。私は全国3位になったときの盛岡一高も知っているから（岩手高校が県大会決勝で対戦して1勝2敗で負けた）、あの時代よりははるかに強くなっている実感があった。

優勝旗を持って凱旋

そして2008年、全国高校将棋選手権の前橋大会で団体戦・初優勝。

ついにてっぺんを獲った——。

前年に準決勝で負けた青森高と再び戦い、2勝1敗で優勝。

全国初優勝の原動力になったのは1年生の中川慧梧《なかがわけいご》君だった。小学生の頃からアマチュア棋界で頭角を現し、全国大会上位入賞経験もある彼のメンバー入りでチームの力は格段に安定した（彼との思い出は後ほど語る）。

盛岡から私の自家用車で遠征していたメンバーは、優勝旗と荷物を全部そのまま積んで持って帰った。嬉しさもすべて持ち帰るような思いだった。

次の日、校内で記者会見が開かれ、その場で早速優勝旗を披露《ひろう》したら、いい絵になって喜ばれた（宅配便で送っていては間に合わなかった）。

これがきっかけとなりその後、生徒たちの間にジンクスが生まれた。

「車で行けば勝てるんじゃないか」

しかし翌2009年、2010年の高校将棋選手権開催県は三重と宮崎だったのでさすがに車では行けず、結果は準優勝。2011年の福島大会は車で行って優勝。

「やっぱり本当だった」

意図せずジンクスを証明する結果になってしまい、おかげで私は2012年の富山大会にも車で行くことになってしまった。迂闊《うかつ》だったが盛岡から富山は最短でも約680キロ、選手の移動疲労《ひろう》を考えて途中、山形で1泊する長旅になった。その苦労の甲斐あって2012年は団体戦で2年連続3度目の優勝となった。

いいときに来るチャンスは逆の結末

2009年、全国高校将棋選手権・団体戦準優勝となった大会では「流れ」について考えさせられた。

このとき団体戦の決勝の相手は青森高。2008年の団体戦も決勝戦の相手は青森高だった。

「去年と同じ青森か、メンバーを見るとこっちが有利だね」

私も生徒もその程度に考えていた。決勝までチームは予選トーナメントをかなり楽に勝ち上がってきていた。失礼な言い方だが、「どうぞ、決勝までお登りください」とでもいうような流れだったのだ。

一方、青森高は予選0勝3敗で筑波《つくば》大学附属駒場《こまば》高（東京、以下筑駒）に負け、予選トータルを3勝1敗ギリギリで勝ち上がり、さらにもう一度ダメ押しで筑駒と対戦して負かし、2勝1敗で勝ち残っていた。さらに青森高は準決勝で仙台一高（宮城）と対戦。下馬評では仙台一高が有利だろうと思われていたが、周囲の読みをひっくり返して2勝1敗、逆風の中での力強い勝ちだった。

私は岩手高校サイドについていたから、そんな「流れ」をあまり意識したくなかった。一将棋ファンならば誰もが青森高を応援したくなる流れだった。

いまいい風が吹《ふ》いて運がこちらに向いている、この勝負は楽勝じゃないかと思うときほど落とし穴がある。反対に逆境を堪《た》え忍《しの》んで頑張ってきたけどもうダメだ、というときほど、絶好のチャンスが訪れるものなのだ。

「今日のあいつら（青森）は別人だぞ、いま流れは向こうにあるぞ」

決勝戦に3人を送り出す前、そう言って送り出せていたら、少しは「流れ」が変えられたのではなかったか。絶好のチャンスは最悪なときに現れる。その逆も然《しか》り、と思い知らされた大会だった。

またこの年、岩手高校はAチーム（第1代表）、Bチーム（第2代表）の2チーム出場した。2008年より前年度優勝都道府県には2チーム参加枠が与《あた》えられるルールになり、県大会で1位、2位を独占《どくせん》した岩手高校がその枠を獲得《かくとく》した（2012年、2013年も2チーム出場）。

日本将棋連盟の支部になる

2010年、中学・高校ではじめて、日本将棋連盟の支部として申請し、認可された。プロ棋士の先生方に指導を仰《あお》ぐ場合や、備品などの購入、道場での練習面で部員を支部会員に登録したほうが、さまざまなメリットがあるのではないかと考えたためである。現在は約16～17人の生徒が岩手中学・高校支部に所属している。支部として認可されると、普及活動もしやすい。

２０１１年より強化合宿も一般に開放し、地元の小学生も参加できるイベントにした。かつて盛岡一高で活躍していた女流アマ強豪の小山田友希《おやまだゆうき》さんが合宿に参加させてほしい、と申し出てきたことがあって、せっかくプロ棋士の先生方に指導対局してもらうならば、自分たちだけでやっているのももったいないと思ったのだ。

合宿には盛岡周辺だけではなく、県内の遠方から参加してくれる子どもたちもいる。彼らは両親や祖父母に将棋を教えてもらって、だんだん強くなって周りに相手がいなくなり、道場に行ってみたけれど同じ年頃の子どもたちと対戦する場が少ないという。このような小学生向けの合宿形式の将棋イベントはあまりないので、岩手県下の将棋の強い子たちの交流の場になっている。兄弟で参加している子、リピーターも多い。

一度上った階段は意地でも下りない

はじめて団体戦で全国優勝した２００8年以降、必然的に「目標は全国優勝」としか語れなくなった。しかし、２００9年も２０１０年も準優勝。

「優勝するためにどうしたらいいか」を代表となったメンバーは真剣に考えた。「賞状がとれればいいや」「県大会を抜ければいいや」とか、目標がばらばらだった時代は終わった。

おそらくウチの部とまったく同じ戦力を持ったチームがあったとして、もしそのチームが初出場だったとしたら優勝はおろか入賞も難しいのではないだろうか。我々は何回か優勝していて全国大会の戦い方を知っているし、メンバー自体がはじめてレギュラー入りしたとしても、その前の先輩たちがどういう思いで戦っていたかを皆理解しているのだ。

かつて蓮舫《れんほう》議員が、内閣府の事業仕分けの際にスーパーコンピュータ開発の予算に疑問を呈《てい》し、「世界一になる理由は何があるんでしょうか、2位じゃダメなんでしょうか」などと発言した。そして仕分けをして予算を削減《さくげん》した結果、中国に1位の座を奪われた例がある（後に1位の座を奪還《だっかん》）。

1位でなければダメなのだ。

昨年が3位以下で、2位を「目指している」ならば記録更新《こうしん》になるからよい。ただ、いったん1位になった人が2位で満足できるわけがない。頂点も知っているし、2位の悔しさも知っているからなおさら「負けた」と感じてしまう。だったら目標としては1位を掲げないわけにはいかないのだ。

一度上ったところまでは次も行く。

一度上った階段からは一歩も下りない意地を持つべきである。

2011ー現在

5、全員将棋

『ザ・ノンフィクション』

ドキュメンタリー番組の制作をしている方が、「将棋で急成長している学校がある」ということで私たちの部活動に関心を持ってくださり、２０１０年頃から約２年間取材していただいた。

密着取材の結果は２０１２年6月、『ザ・ノンフィクション 偏差値じゃない。～奇跡の高校将棋部～』（フジテレビ系列）として放送され大反響《だいはんきょう》。番組視聴者《しちょうしゃ》から部のホームページ宛《あて》に2日間で７００通ものメールをいただいた。地元では「岩手めんこいテレビ」で同年10月の深夜に放送された後、年末12月29日の夕方に再放送。

番組を見て学校にメッセージを寄せてくれた方のほとんどが、エースである中川慧梧君が活躍するシーンより、不器用ながらもコツコツ努力をしている細井克哉《ほそいかつや》君が少しずつ自信をつけていく様に感激した、という感想だった。

もともと強い子が勝ったというのではなく、実力未知数の生徒を勝たせるほうが教育現場としては難しい。だからこそ喜ばしく、指導者冥利《みょうり》に尽《つ》きる有難い感想だった。

偏差値じゃない？

『ザ・ノンフィクション』では、「頭脳の格闘技《かくとうぎ》」といわれる将棋の分野で、全国大会上位を占《し》めているのは「頭のいい学校」ばかりなのに、岩手高校は（そうでもないのに）なぜ勝てるのだろうか、という切り口でまとめられていた。

偏差値《へんさち》と一口に言っても、いろいろな見方がある。岩手高校全体の平均偏差値は47だが、囲碁将棋部だけでいえばプラス5～10ではないかと思っている。そもそも囲碁将棋部には考えるゲームが好きな子、考えることに関して自信がある子が集まりがちである。

　放送では、ある進学校の生徒が「岩手高校は将棋ばかりやっているから」とコメントしている様子が紹介《しょうかい》されていた。「それに比べて俺《おれ》たちは勉強もやっているんだよ」と言いたいのだろう。

　まったくその通りかもしれない。

　想像だが、将棋大会にやって来る灘や開成といった進学校の生徒は、生活における将棋のウエイトがウチの生徒より少ない。100パーセントの能力のうちの85パーセントは勉強に注いで、残り15パーセントで将棋をやる。それでも準決勝あたりまで勝ち上がれる優秀《ゆうしゅう》な頭脳を持っているのではないだろうか。彼らは1冊の棋書《きしょ》を1時間で読めるかもしれないが、ウチの生徒は同じ本を読破するのに1週間以上かかるかもしれない。

　私はどんなレベルの学校であっても数学を教えることはできるが、エリート校の生徒に「将棋」をどう教えたらよいのかは正直、分からない。何かを教えるときには相手に最も合った方法を選ばなければ効果が得られない。通り一遍《いっぺん》に何か決まった方策をとればいいわけではなく、一人一人に合ったやり方でなければ何も身につかない。その点、自分自身も卒業生であるウチの学校の生徒は、日々どんなことを考えて過ごしているのかある程度想像がつく。だから彼らに合った自己流の教え方で対応できているのだと思う。

中川慧梧君

2011年3月、印象深い生徒が卒業した。中川慧梧君だ。青森県八戸市出身の慧梧君は全国小学生倉敷王将戦で優勝、全国中学生選抜将棋選手権2位など、幼い頃から将棋の実力を発揮していた。中学3年の終わり頃、進学先を決めかねているときに岩手高校の将棋仲間に誘《さそ》われて入学。盛岡で寮《りょう》生活を送り、さらに腕を磨いた。「身近に競い合う友人が沢山《たくさん》いて、最高の環境」と本人も言っていたが、彼が在学中に成し遂《と》げた記録は華々しい。1年生の11月、16歳で全国アマチュア王将位戦最年少優勝。2年生のときにプロ公式戦「銀河戦」にアマチュア枠で出場、なんとプロ棋士相手に2勝を挙げた。3年生のときには史上初の高校4冠（高校将棋選手権個人・団体、高校竜王、高校新人大会優勝）を達成。圧倒的な成績の一方、メンバーには「さわやかタヌキ」と呼ばれる人気者だった。

慧悟君が岩手高校に入学するにあたり、私は彼のお父さんとほとんど約束したような気持ちでいた。

「かならずや慧悟君を大物にしてみせます」

将棋界で活躍する逸材《いつざい》を預かったという責任感もあり、15歳で息子を手放す親御《おやご》さんを安心させてあげたいという気持ちもあった。その後、慧悟君が2年のときにお父さんが亡くなり、ちょうど近い時期に私も父を亡くしたこともあり、岩手高校に在籍している間は彼の父親代わりをしてやりたいと思って接してきた。

在学中の数々の実績が認められた慧悟君は、学生将棋の強豪・立命館大学へ進学が決まった。3年生の3月末に大阪でおこなわれた学生将棋選手権が岩手高生として出場する最後の大会となり、終了後、そのまま新居のある京都へ向かうことになった。私も大会からの流れで同行し、引越《ひっこ》しの手伝いをした。私が盛岡へ帰るとき、慧梧君は京都駅まで見送りに来た。

「達者でな」

別れ際、彼に伝える感動の言葉を用意していたのだが、いざとなるとうまく出てこなかった。

現在、彼は立命館大将棋部の主将を務めている。学生将棋のタイトルを総ナメにする活躍ぶりで、プロ棋戦《きせん》にもアマチュア枠で出場。その勝率は6割近くを記録している。プロ棋士並みの実力を兼《か》ね備えた慧梧君は、今後どのような進路を歩むのだろう。楽しみでならない。

優勝旗奪還

2011年夏、全国高校将棋選手権は東日本大震災《しんさい》で大きな被害《ひがい》を被《こうむ》った福島県で開催された。

この年の団体戦メンバーは中川慧梧君の弟の滉生《こうせい》君（2年）が大将となり、副将に櫻井飛嘉《さくらいあすか》君（1年）、三将に小野内一八《おのうちかずや》君（2年）。3年生のいない大会だった。

準決勝の愛工大名電《めいでん》高（愛知）戦は3戦全勝で突破。滉生君は256手もの持久戦を耐《た》えて勝利。2歳年上の兄・慧梧君と将棋で比較《ひかく》されることも多い滉生君だが、着実に自分のスタイルを確立してきた。居飛車《いびしゃ》党の慧梧君と振《ふ》り飛車党の滉生君。まるで四つ相撲《ずもう》と押し相撲のような対照的な戦い方をする。小野内君は家族が被災《ひさい》し、避難《ひなん》している中、冷静さを失わず頑張った。

決勝の相手は仙台二高（宮城）。大会前から評判の実力校だ。

小野内君は速攻で1勝。圧勝といってよい内容の対局だった。しかし滉生君がまさかの黒星。優勝の行方を託《たく》された櫻井君は得意の「居飛車穴熊《あなぐま》」に持ち込み、相手の隙《すき》を狙って勝利。1年生とは思えない落ち着きぶりだった。

前年、前々年、決勝まで進みながら準優勝だった先輩たちの悔しさを糧《かて》に3人のチームワークで立ち向かい、3年ぶりに日本一の座を奪還。全国の頂点に立った。

2連覇への挑戦

2012年、富山県小矢部《おやべ》市でおこなわれた全国高校将棋選手権で、岩手高校Aチームは団体戦で連覇を果たした。

前年と同じメンバーで戦い、安心して見ていられる内容だった。

決勝の相手は全国屈指の強豪・藤枝明誠《ふじえだめいせい》高（静岡）。白熱した攻防となった。会場には滉生君の兄、慧梧君が応援に駆けつけてくれた。先輩横綱《よこづな》の応援に後輩たちは勇気づけられ、慧梧君も「堂々とした戦いぶりで、自分のことのように嬉しい」と2連覇の喜びを分かち合った。

2012年秋には、全国オール学生選手権で全勝で迎えた最終局、立命館大対岩手高校という場面があった。しかも2勝2敗であと一つ勝てば優勝となる最後の大将戦は、慧梧対滉生の兄弟対決となった。決勝で母校と当たり、向かい合って座っている相手は兄弟。

勝たしてくれよ、こっちはここまで勝ち上がってくるのも大変だったんだよ、と内心思ったが、慧悟君は容赦《ようしゃ》なかった。

3連覇の重み

2013年、全国高校将棋選手権3年連続優勝の報《しら》せに学校全体が沸《わ》いた。約1年前に持ち帰ってきた優勝旗はいま、校内の一角に他の部の旗と一緒くたに置かれている。

「同じ旗ではあるけれど、価値は全然違うんだぞ」

通りかかるたびに思うが、今夏もまたこの旗を持参して戦う季節がやってくる。

あの3連覇を懸《か》けた大会を振り返ると、日を改めてもう一度同じチームで同じ相手と対戦しよう、ということになったら正直勝てそうにない。大会2日間の流れの中で何か一つでも欠けた要素があれば違う結果になっていただろう（大会の詳細《しょうさい》は第4章の大川慎太郎《おおかわしんたろう》さんによる「観戦記」を参照してほしい）。

どうやって全国優勝できたのですか？

どんな練習をしていますか？

しばしば訊ねられるが、やったほうがいいこと・できたほうがいいことは技術面もメンタル面も山ほどある。勝つための「必要条件」は数え切れない。また、岩手高校の生徒に合った練習をしているだけであって、他の学校では通用しないだろうし、実際にやろうとしても独特すぎて難しいだろう。

これをやれば絶対に勝てるという「十分条件」などどこにもない。ただ仮に負けたとしても、「あれをやっておけばよかった」ということが簡単には思いつかないようにしたい。そう考えてさまざまな取り組みをして必要条件をかき集めてきた。

勝負事とはすべて、そういうものなのではないだろうか。

顧問の私からすると、2013年の高校将棋選手権で優勝できる確率は10パーセントくらいだった。いや、もっと低いとすら思っていた。全国48代表のうち40チームに勝てる自信はあったものの、残り8チームは分からなかった。その8チームすべてが均等の戦力だとしたら8分の1、確率は12・5パーセント。藤枝明誠高チームには個人でも全国優勝できるような選手が2人もいたから、戦力の偏《かたよ》りを考慮して「10パーセント」という読みだった。だが部の代表のメンバー3人は結束し、プレッシャーに負けず健闘してくれた。

3連覇を達成した翌日、ちょうど休日だったこともあり、皆で長崎から軍艦島《ぐんかんじま》クルーズに出かけた。記録に残る優勝と合わせて、この旅が生涯《しょうがい》の思い出になってくれればと思い、私は渡航《とこう》費をちょっと奮発したのだった。軍艦島に上陸することなんてこの先、滅多《めった》にないだろう。生徒たちは、炭鉱として栄えた島が自然風化した姿に圧倒されていた。

チャンピオンでは負ける

大会の前、生徒たちに「俺たちは2連覇しているけれど、チャンピオンじゃなくてチャレンジャーだ」という話をした。

チャンピオンだと思ってしまったら負け。「何回防衛した」と言ってもいつかは落とされる。チャンピオンだから試合で有利に働くということはない。プロのタイトル戦であっても、タイトルホルダーと勝ち上がってきた挑戦者《ちょうせん》と、どちらもその一局での条件は同じで、どちらから見てもチャレンジャーである。

２０１１年と２０１２年の高校将棋選手権・団体戦では２度とも同じメンバーで戦っているが、それでもやっぱりチャレンジャーなのだ。２０１１年は最強の敵であった藤枝明誠高と戦わずに勝ったから、２年目は彼らを倒しに行くというチャレンジだった。つねに新しい目標を設けて「守る」という発想は絶対に持たない。

今年も、もちろんチャレンジャーとして勝ちに行くつもりで用意している。ゆくゆくは麻布高（東京）の優勝回数11回を越《こ》えたいと思っている。

天職

先日、ある人に「学校の先生じゃなくて、会社を起こしたりしても絶対成功した考え方だと思うよ」と言われた。私はもともと第一志望が教職で、起業するような勇気はない。だがやっていて楽しい仕事だったらどれだけ給料が安くてもいいと思える自信がある。毎日生きているのが楽しくなるからだ。逆に嫌《いや》な仕事だったら、いくら沢山お金をもらっていても辛い。そうなってしまうと休日ばかりが楽しみになって、会社と喧嘩《けんか》しているような生き方になってしまうだろう。

理想論かもしれないが、やはり好きなことを仕事にするのが一番いいと実感している。ウチの学校の教員は（部活・授業ともに）土日の稼働《かどう》率がかなり高い。それぞれが代休をとっていたらとんでもないことになってしまう。私も授業以外に年間100日くらい部の遠征などで出張しているが、生徒たちの成長を実感できる楽しさがあって、これを辞めたいと思ったことは一度もない。

これから社会人になる生徒たちには、自分がたとえあと1年で辞めるとしても、自分がいた場所が10年後、20年後にもっとよくなっていることを願えるような仕事を見つけてもらえたらと考えている。

「待った」はなし

「将棋」は、指しはじめたら「待った」が許されない。

人生もそれと同じで、私たちは一生懸命何かに取り組んでいるときも、ぼんやりと寝ているときも、決して巻き戻せない時間を費やしているが、そのことに無自覚である。

毎年、部を卒業していく3年生に私はネクタイをプレゼントする。岩手中高の制服は詰襟《つめえり》だから、生徒たちがはじめてネクタイを身につけるのは進学先の入学式であることが多い。そこで締《し》めてもらえたらと思い、それぞれに合わせた柄《がら》を選んで贈《おく》っている。以前はレターセットをプレゼントして「卒業してからも手紙をよこせよ」と伝えていたが、筆まめな生徒はあまりいなくて音沙汰《おとさた》がないものだから、数年前からネクタイに変更した。

生徒たちにとって岩手高校での生活は、人生の中のたった3年間（中学からの場合は6年間）でしかないかもしれない。在学中には勉強や部活動で完全燃焼できた人もいれば、目覚ましい結果を出せなかった人もいるだろう。人生にはいいときも悪いときもある。

だが、辛くなったら今年も全国大会で戦う「岩手高校将棋部」の姿を見てほしい。この部は、これまでに所属していたメンバーと生徒たちを支えてくれたすべての方の歩みが切り拓いてくれた道の上にあるのだ。

たとえ、そのときは目に見えない一歩だったとしても、一人一人の力はごく些細《ささい》だったとしても、皆が部室や大会で汗《あせ》を流した時間が積み重なって一点に集まり、現在の「岩手高校将棋部」の誰にも負けない突破力となった。

そのことを誇りに思って前に進んでほしい。

第２章
岩手高校将棋部の勝負哲学

本章では「岩手高校将棋部《しょうぎ》」が普段《ふだん》どのような練習をしているのか、全国大会で勝つためにどんな準備をしているのかを、少しだけご紹介《しょうかい》したい。

ただし、これはどの学校でも通用するやり方とは言い難い。極めて岩手高校流のセオリーである。

6つの活動方針

1. ミーティングはしない

岩手高校将棋部の練習は、平日の放課後16時半から19時頃《ごろ》まで。練習場所は私の担任教室を使っている。ただし、開始の合図もなければ終了《しゅうりょう》の挨拶《あいさつ》もなし。ミーティングもおこなわない。特別な練習メニューは設けず、それぞれがその日のコンディションに合わせてやりたいことをやる。あくまでも自主性に任せたかなりゆるい部活動である。全国大会で何度も優勝をするチームはスパルタ教育をしているのではないかと思われがちだが、練習風景を見れば拍子抜《ひょうしぬ》けするだろう。

約40人の部員がおり、中学1年生から高校3年生まで入り混じって実力の近い者同士、対局して感想戦をおこなったり、棋書《きしょ》を開きながら新しい戦法を試したり、盤面《ばんめん》を離《はな》れて雑談に勤《いそ》しんだりもする。事務的な連絡《れんらく》があるときは、黒板に「4時半に連絡があるから集まって」などと書いて報《しら》せるが、それも必要最小限。私が全員に対して指導をしたり、説教をしたりすることは基本的にない。皆《みな》に一様に同じ話をしても理解度が違《ちが》うし、生徒自身がこちらのメッセージを必要としていなければ心に響《ひび》かない。アドバイスや注意したいことがあるときは個別に話をすることにしている。

岩手高校の前校長が入学式でよく話していた言葉で「馬に水を飲ませることほど、難しいものはない」という格言がある。人間は馬を水辺に連れて行けるが、水を飲んでくれるかどうかは分からない。飲みたい気分のときに連れて行けたら飲むけれど、そうでなければ残念ながら連れてきてもムダになる。意欲がなければ強制できないし、効果もない。それと同じで今日は将棋を指したくないというときに無理やり練習させても、ストレスになるだけ。今日はやる気があるというならいつもの2倍やればいい。毎日同じメニューをセットしてもムダである。

そういう訳で部の出欠はとくにとっていない。部の練習は地域の方にも開放しており、見学・参加可能だ。

2．上下関係は作らない

岩手高校将棋部に関して言えば、上下関係は無用である。もちろん礼節や目上の人への敬意は大切だが、部内の人間関係にはムダな緊張《きんちょう》感を生まないようにしている。「毎日ここに来れば仲間にも会えるし、好きなだけ指せる」という場を作り、生徒自身が将棋を面白いと感じて仲間と切磋琢磨《せっさたくま》するのが上達の近道。

新入生が入ってきたら上級生の「指導係」が、将棋盤や駒《こま》など備品の扱《あつか》い方、対局の際の礼儀《れいぎ》など、常識的なルールを教えて面倒《めんどう》を見るが、中学生でも実力のある子は気兼《きが》ねなく高校生に交じって練習する。「将棋が好き」という共通点を介《かい》して集まった者が、和気藹々《わきあいあい》と練習を続けられる環境《かんきょう》を目指している。

３．指さない顧問をつらぬく

顧問《こもん》は直接指導をしない方針。部をはじめた当初は、少人数で初心者ばかりだったからつきっきりで教えていた。しかしいまは40人規模なので全員に均等に時間をとって教えることは難しい。自分より強い生徒もいるし、１人だけで教えると得意分野に偏《かたよ》りがちになるから直接将棋を指して教えることはしていない。自分のやり方が１００パーセント正しいとも思っていないし、いろいろなタイプの人がそれぞれの経験から教えたほうがよいだろう。自分は全体のマネジメントに徹《てっ》している。

もうひとつ「指さない理由」として、自分の年齢《ねんれい》が生徒の2倍以上になり、現役から遠くなったということもある。19世紀のフランスの哲学《てつがく》者、ポール・ジャネーらにより提唱された「ジャネーの法則」という、年齢と時間の心理的長さに関する仮説がある。月日の流れに対する感覚は、若い頃は遅《おそ》く、年齢を重ねるにつれて速く感じられて反比例しているという。私も指し手を読むスピードに衰《おとろ》えを感じる。秒に追われた終盤《しゅうばん》では読みきれないまま感覚的に着手する場面もある。「脳の老化」は認めたくないが、この法則でいけば20歳《さい》の1年は20分の1で、60歳の1年は60分の1。そのまま一手30秒の秒読み状態に置き換《か》えると、15歳のときに30秒に感じた時間は、45歳では3分の1、つまり10秒将棋に感じるということ。実際のところここまで極端《きょくたん》な数値の差とは思わないが、プロ棋士《きし》でも「若い頃より読みが遅くなった」と自覚するそうだから、関連深い法則である。そういうわけで全国大会を想定した技術面・メンタル面のフォローは、OBでもあり、生徒とも年齢が近いコーチに任せている。

4.ウチに合ったやり方に徹する

他校で成果を上げている指導方針でも教える人間・実践《じっせん》する人間が違ったら、かならずしも成功するとは限らない。あくまでも岩手高校流のやり方にこだわり、生徒の実感や同じ環境で過ごしたOBたちの経験を重視している。

誰《だれ》かの成功例をそっくりそのまま真似《まね》しようとするのは、極めてナンセンスだ。他人の成功例は参考程度でいい。そのまま実践しようとすればするほど新たな失敗を生むことになる。勉強熱心で成功願望の強い人ほど要注意である。

私と同じ数学科に岡本久雄先生という前述の先輩教員がいる。関西出身の彼は阪神タイガースをこよなく愛し、関西弁を活《い》かした独自のノリでテンポよく授業を展開している。たとえ阪神が最下位のときでも「こっからが逆転や!!」と言って生徒たちを笑わせる。淡々《たんたん》と教えるのではなく、「記憶《きおく》に残る授業」をしようと、1コマの中で何か必ず印象に残る工夫をしているという。しかし岡本先生が素晴らしいからといって私がいきなり関西弁で授業をしたとしても同じ効果は得られない。他人の成功例には必ず、その人のスタイルだからできた固有の背景がある。他校や外部でいい成果を出した練習方法を取り入れても岩手高校で功を奏するとは限らない。「自分たちにできるやり方で一番よい方法は何か」を試行錯誤《しこうさくご》すること。そして体験から得た実感や反省など、自分でなければ知り得なかったことから多くを学ぶこと。成功の秘訣《ひけつ》は、じつは他人ではなく自分の中にある。

5．中高一貫校の強みを生かす

中学から入部した生徒は、高校の時点ではだいたい基本事項《じこう》はできている状態になるから、そこからさらに上に行く方法を考えられる。6年後を想定した土台作りができるのだ。高校からはじめた場合は、最初は中学生より弱いということもあるが、部には初心者から上級者までさまざまな段・級レベルの生徒がまんべんなくいるので技量に応じた練習が可能。将棋のルールを知らずに入部しても、実質2年で全国大会に行けるようになった生徒もいる。

中高合わせて40人ほどの部員が所属していると、実力の層に隙間《すきま》がなくなる。初段、二段、三段がいて、級位者が多数いる。かつては全員をレベルアップさせるための試みとして、部内でプロ棋戦《きせん》のようにA級・B級を設けた昇級降級試合をおこなった時期もあった。学年を問わず実力の近いグループ内で順位を競い、1位になったらさらに上のグループに上がれるという企画で、これならば実力のかけ離れた者同士のムダな対局も避《さ》けられる。生徒たちも予想以上に面白がって前向きに取り組み、この練習によってものすごく力を発揮するようになった。

しかし、部のレベルアップを図るには級位者が10級から9級に上がっただけでは大差ない。かといって四段の生徒を五段にするのはものすごく大変なことである。陸上の日本記録を持っている人に「あと0・1秒速く走れ」と言ってもすぐにはできないのと同様だ。それよりも、将来その人の競争相手になりそうな生徒全員を0・1秒ずつ速く走れるようにする。そうすれば次世代で0・1秒速い人が生まれる布石になる。

もし仮に、ピラミッドの高さをてっぺんからさらに1メートル高くしようと試みるとする。それには建設材料すべてを上部まで運ばねばならず、そのうえ下の階でも上部の重量を支える準備をしなければならない。しかし一番下の土台から1メートルかさ上げするのならば、土台を高くするための仕事だけで済む。

幸い中高一貫《いっかん》教育の学校では、生徒指導に6年かけられる。高校生の上位層を伸《の》ばしたければ、土台となる中学生の段階からかさ上げすることを考えられるのだ。

また、私立学校で異動がないことも、継続《けいぞく》した取り組みがおこなえるメリットである。岩手中高では50名程度の職員がいる。長年同じメンバーなので、何か問題が起きたときはオープンに相談し合う気風がある。若手の教員が問題の当事者になった場合は、ベテランが一丸となってサポートにまわる。「解決できそうですか？」と話し合い、「過去にこういう例があって、こうだった」と解決策を模索《もさく》する。無事解決できれば一つの事例になり、組織を強化する知恵《ちえ》になる。

ウチの部活動でも、全国大会に代表で出場している選手の経験は、メンバー全員と私の学びにもなる。たとえ結果が「負け」であっても、そこで得た知恵を共有して次世代に引き継《つ》げば、私たちにしか獲得《かくとく》できない「強さ」になる。

6．小口を大切にしない商売は必ず倒れる

ここまで「全国大会に出る」「もっと勝ちたい」とばかり言っていると、まるで勝利至上主義のように聞こえるかもしれないが、そうではない。部活動はそれぞれが自分に合った目標を設け、楽しみながらそれを達成する喜びを知るためのものであって、学業の二の次である。現にウチの部では「囲碁《いご》将棋部に赤点なし」という

キャッチフレーズを掲げていて、遠征《えんせい》が続いても勉強はしっかりするように言い聞かせている。また、勝ちたいからといって代表で出場する選手だけを重点的に指導をすればいいという考えでもない。

岩手高校は「全員の希望進路を実現すること」をモットーとしている。生徒に「この大学に進みたい」という希望があるけれど実力が足りない場合は、全力で補う。一部の優秀《ゆうしゅう》な生徒だけでなく、全員を満足させることが目標。たとえ第一志望で入学したわけではない生徒でも、卒業式にはここに来てよかった、と思ってもらえるように職員一丸となって取り組んでいる。

優秀な子を競わせて1人でも先にゴールさせることが目標の学校もあるが、我が校は「皆でゴールテープを切る」ことを重視している。全員が上の学年に進級できるように、ちょっと最近雰囲気《ふんいき》が変わったなあ、何か悩《なや》んでいるようだなという子がいたら放置せずに「どうした?」といち早く声をかける。世の中には、社会人になっても学校に嫌《いや》な思い出があって在籍《ざいせき》していた歴史さえ抹消《まっしょう》したいと思っている人もいるだろう。しかしいったん岩手高校で預かったからには、そんなふうにはさせたくない。私立なので最初はみんなばらばらの地域からやって来て徐々《じょじょ》に友達を作り、それがいいグループだったり悪いグループだったりもするが、とにかく「学校に行けば仲間に会えるから」ということでだんだん楽しくなるような環境を作ること。楽しくなければ生徒は来ないのだ。

「小口を大切にしない商売は必ず倒《たお》れる」

これは私が常々言っていることだが、大手や目立つ顧客《こきゃく》ばかり相手にし、少数派を疎《おろそ》かにしている組織はいずれ破綻《はたん》する。すべての顧客に対して同じ態度でなければならず、生徒についても同じだと考えている。

大会攻略法

〈準備編〉

1．大会約2週間前に合宿をおこなう

大会当日に最高のコンディションに持ってくるようなスケジューリングをする。具体的にはとくに一番大事な大会、つまり全国高校将棋選手権に照準を合わせて7月の中旬、大会から逆算して約2週間前に強化合宿をおこなっている。以前は夏休み中の8月に実施《じっし》したこともあったが、全国大会の後では何のためにやっているのか、目的意識がはっきりせず効果が薄《うす》かった。ここでプロ棋士に集中的に指導対局をしていただくことで、技術面・心構えともに大会に向けた総仕上げをしている。

2．地域と生徒をつなぐ

岩手高校囲碁将棋部では、地元での普及《ふきゅう》活動を積極的におこなっている。部が

日本将棋連盟の支部であるということもあり、年に3、4回は社会福祉《ふくし》協議会、地域振興《しんこう》文化会などの将棋イベントに参加している。春夏強化合宿にも地元の将棋好きの小学生たちが合流する。そのような場で生徒たちが将棋を教えると「ありがとうございました！」と感謝されて、清々《すがすが》しい気持ちになれる。普段からこうした地域の人たちとの触《ふ》れ合いがあるからこそ、岩手県代表で全国大会に行ったとき、我々は単に学校の代表というだけではないのだ、と背筋が伸びる。

２０１１年3月、東日本大震災《しんさい》後におこなわれた学生将棋選手権の会場では、日本将棋連盟関西本部の了解《りょうかい》を得て、会場内で募金《ぼきん》活動をさせていただいた。メンバーも地元が非常事態のときに将棋大会に参加しているという後ろめたさを感じており、せめて被災《ひさい》地に役立つ活動をしなければと積極的に行動した。これで少し精神的に楽になったのか、初日予選でのトータル25戦22勝は過去にない快進撃《かいしんげき》。大会後メンバーを代表して小野内一八君が募金箱を「岩手めんこいテレビ」の義捐金《ぎえんきん》受付へ届けた。

これまで出会った地域の方々の応援《おうえん》に背中を押《お》されて「負けられねえ」と踏《ふ》ん張

る。地域との絆《きずな》が、思いがけず生徒のメンタルに強さをもたらしている。

3. 横のつながりを強化

団体戦ではチームワークが最も大切である。これがすべてと言っても過言ではない。3人それぞれが「他の2人はきっと勝ってくれるから、自分が負けなければいける」と信頼《しんらい》し合う。自分の対局に集中しながらも、横にいる2人の存在を心強く感じている。3人それぞれがそんな関係を作れたら申し分ない。しかしこれは指導できることではなく、普段から皆で一緒《いっしょ》に練習し、行動をともにする中で自然に培《つちか》っていくしかない。

強い生徒を3人集めるとか、3人だけを強化して団体戦に出たとして、勝てるかというとそうでもない。メンタル面で全員がピークの状態に仕上がっていて、さらに横のつながりがなければベストなチームワークは発揮できない。とても難しいことだが、団体戦に出場するメンバーは、皆が同じ目標・目線であることが望ましいのではないかと思う。これは高校将棋の団体戦に限らず、大きな目標を達成するには必要なことなのではないだろうか。団体戦のメンバーや現在の部員との結束だけでなく、その前の代の先輩《せんぱい》たちがどういう思いで戦っていたかを知っていることも「横のつながり」だと考えている。

4. 全員がライバル校のエースに勝つ用意

かつて全国大会で「当たりがよくない」時期が続いたことがあった。後に準優勝する学校と予選2回戦で当たって敗退するとか、ルール変更《へんこう》により次点で足切りされてしまい、寸前で決勝トーナメントに行けなかったとか。以来、団体戦では「この学校に勝てればいいや」とか「この子に勝てばいいや」というのではなく、3人全員が全戦全勝を想定した準備をしている。

「人生で運の量は均等」というのが私の持論だ。「運」というものは、「ある」「ない」で足していくと50パーセントに収束する。一生ずっと運がいい人なんていない。「今回の大会は運がよかった」という場合でも、逆になる可能性が常にある。麻雀《マージャン》やトランプは確率が勝敗を握《にぎ》っていて、何局もやって勝ちの数が多い人を「強い」

と言う。しかし将棋の場合は、相手が指してきた手が理詰《りづ》めで考えた末に得られたものなのか、疑心暗鬼《ぎしんあんき》で指しているものなのか、「強さ」は推し測らなければならない。トーナメントの山が不利だとか有利だとかは考えてもムダ。1回戦で強豪《きょうごう》と当たったからダメだったと言っているうちはたいして勝てないものだ。曲者《くせもの》という曲者を全部倒して勝つ心意気でなければ、運を制することはできない。

5．部内順位と大会順位は違う

多くの競技でレギュラーメンバーを選ぶ際、部内順位をそのまま採用することが多い。しかし、部内順位がそのまま大会での活躍《かつやく》順位になった例はほとんどないだろう。たいてい大会の本番では逆転が起きる。

では大会で通用する順位とは何か。監督《かんとく》や顧問は大会の選手層などを考慮《こうりょ》し、適切な采配《さいはい》を考えなくてはならない。

たとえば、A君は将棋アマ二段で、三段相手には勝てないが初段相手には確実に勝てるとする。B君は初段で、級位者相手に負けることもあるが、たまに三段の人

に勝つこともある。その場合、
・二段以下の選手による大会を想定したとき
A君に期待。級位者に負けてしまうB君は危険。
・三段以上が大勢いる大会を想定したとき
B君に期待。振《ふ》れ幅《はば》が大きいほうが、実力以上の成果を期待できる。A君では早期敗退が濃厚《のうこう》である。

これが一度の大会ならば簡単なのだが、県大会を経て同じメンバーで全国大会を戦うという二段階制となると、県大会を確実に勝つメンバーを優先すべきか、全国で一発大技を仕掛けられるメンバーを優先すべきか、監督の決断のしどころである。迷ったときに単純に部内順位で片付けてしまうのは、間違《まちが》いなのだ。

6．ベストな宿を予約する

全国大会では各校のメンバーが一定の地域内に集結する。県大会の後、代表が決まってから大会会場近くの快適な宿を予約するのは至難の業。学校として代表になれるかどうかは分からなくても、各都道府県で何代表何人出場するかという枠《わく》は、先に見当がつけられる。岩手県ではどこの学校が出場してもいいように、先手を打って県の高校将棋専門部事務局の方が県勢の宿泊《しゅくはく》先をかなり前から押さえておく作戦をとっている。施設《しせつ》や交通の便はお金には代えられない。会場に近い1万円の宿と、遠いけれど5000円の宿があったとしたら、絶対に近くのほうがいい。交通機関が混雑して朝の試合開始時刻に遅《おく》れたり、生徒の体力を試合前にムダに消耗《しょうもう》させたりしないためにも、宿選びは最重要。勝負を大きく左右するのだ。

〈現場編〉

1．遠征は自前の車で行く

優勝旗を積み込《こ》んで帰るため、遠征はできるだけ自家用車かレンタカーで行く。生徒たちに「優勝旗を積むスペースがここにあるぞ」と言っておけることが大事だ。「先生、優勝旗とったらどうするんですか？」と訊《たず》ねられて、顧問自ら「それは、とってから考える」と答えているようではダメ。「持って帰る用意はあるぞ」と最初から言っておけば生徒のやる気も違ってくる。車に同乗して行けば道中でメンバー同士の結束も深まる。

2．現地では練習しない

準備は出発前にすべて済ませ、現地には盤駒を持ち込まない。下手に練習をして何か突発《とっぱつ》的な不安材料が生まれたり、余計な思い込みを持ったりしないようにするためだ。大会前日は移動の道中で現地の景色を眺《なが》めたり、名所があれば立ち寄るなど、極力リラックスを心がけている。

3．本当に必要な情報だけ与える

大会当日は他校の選手の前評判など気になる情報が入ってくる。顧問としては生徒に伝えたくなることもある。しかし情報は雑念を生む。生徒側から要望があれば偵察《ていさつ》もするが、こちらから「ああだ、こうだ」と一方的に情報を与《あた》えることは絶対にしない。

4．優勝旗の前で記念撮影しない

開会式の優勝旗返還《へんかん》の前に記念写真を撮《と》ったりするのはダメ。それはこれから優勝旗とお別れする、つまり「負ける」と言っているようなものである。本当に勝つ意欲があるのなら、優勝旗は返還するのではなく、一晩預けて明日また取りに来るだけ。名残惜《お》しんで記念写真を撮影《さつえい》するのは愚《おろ》かだと思う。また、大会会場にある看板前での記念撮影もおこなわない。一度きりの参加になると宣言しているようなもので志が低い。

5．験をかつぐ

2013年、3連覇した高校将棋選手権の前日、験をかついで昼にとんかつを食べた。さらに、OBでアマ強豪の中川慧梧君が高校竜王《りゅうおう》戦のために福岡に来たときのことを振《ふ》り返り、「そう言えば彼は吉野ヶ里遺跡《よしのがりいせき》に立ち寄った後、優勝したんだ」と生徒たちに話したら、「先生、ぜひ行きましょう！」。あくまでも気休め的なものだが、「俺《おれ》たちはいま、あの慧梧先輩と同じ道を歩もうとしている」と意識することが、少しでも安心材料になればと思って実際に立ち寄った。大会では毎回、なんらかの験かつぎをして、メンバーの結束を固めている。

私の自家用車のナンバーは、「囲碁将棋」にちなんで「1544（イゴショー）」。これも験かつぎの一つである。

第3章
年表・岩手高校将棋部の歩み

岩手高校将棋部の歩み

年度	おもな出来事	主将(部長)	高校将棋選手権 団体	高校将棋選手権 個人	高校竜王戦 個人	高校新人大会 個人
	ゼロからの試行錯誤					
1994	藤原隆史、着任。将棋好きの生徒3人と「将棋同好会」を結成、活動をはじめる。高校将棋選手権・県予選に初出場するも惨敗。しかし半年後に出場した秋の県新人大会で内村章良が個人でベスト8に入る。	吉田光晴				
1995	10月、実績が認められて「将棋クラブ」に昇格。秋の県新人大会で団体3位初入賞。クラブとして華々しいデビューを飾る。部員16名。	吉田光晴				
1996	高校将棋選手権・県予選で団体準優勝。決勝戦では盛岡一高に1－2で敗れる（この年、盛岡一高は全国3位）。部員23名。	中村大介				
1997	高校将棋選手権・県予選で団体初優勝、岩手県の頂点へ。創部4年目にして全国大会へ出場を果たす。1回戦で早稲田学院（東京）に0－3で敗退。部員22名。	小屋敷亮	1回戦敗退			出場

（将棋班・全国大会成績：高校将棋選手権〔団体・個人〕、高校竜王戦〔個人〕、高校新人大会〔個人〕）

コツコツ県大会突破を目指す

1998	4月、前年度の実績が認められ、「将棋部」に昇格。高校将棋竜王戦・高校将棋新人大会ともに県予選を制し全国大会へ。中学生も県大会で優勝、中学選抜選手権に出場。部員24名。副顧問として教員の菊池博一が加わる。	佐藤真一			出場	出場
1999	高校3大大会（高校将棋選手権、高校将棋竜王戦、高校将棋新人大会）すべて県大会を制し、全国大会出場。この年から夏冬強化合宿を松川温泉にて実施。部員32名。	吉田飛鳥		出場	出場	出場
2000	高校3大大会すべて全国大会出場。部のホームページを開設。部員38名。	米澤佑太	2回戦敗退		出場	出場
2001	中学選抜選手権・全国大会出場。顧問・藤原隆史、大型免許取得。遠征や合宿時に自らバスを運転、大量輸送が可能となる。部員44名。	千田雅人				出場
2002	高校将棋新人大会・全国大会出場。中学選抜選手権に出場。主将（部長）を前年度主将の指名制で決めるようになり、佐藤圭一（後にコーチ）が選ばれる。プロ棋士の西村一義が来校、指導を受ける。部員36名。	佐藤圭一				出場
2003	高校将棋選手権・県予選で団体優勝、3年ぶりに全国大会出場を果たす（以降、12年連続で県代表として同大会に出場）。練習に囲碁を導入するようになる。部員24名。	岩泉聡	2回戦敗退			出場

全国での勝ち上がり方法模索

2004	高校将棋選手権出場、ベスト16に入る。高校将棋竜王戦ベスト8進出。部内に「囲碁班」を設置。浦辺賢太郎（1年）が高校囲碁選手権・県予選で優勝、全国大会へ出場。部の正式名称を「岩手高校囲碁将棋部」に変更する。部員30名。	澤口竜一	3回戦敗退		ベスト8 澤口竜一	
2005	高校将棋選手権出場、ベスト16に入る。囲碁班は高校囲碁選手権・県予選で優勝、全国大会へ出場。将棋班と囲碁班、2部門合わせて年間100日ほど遠征するようになって大忙し。部員36名。	佐々木裕太郎	3回戦敗退			出場
2006	高校将棋選手権出場。囲碁班が高校囲碁選手権・県予選で団体初優勝、全国大会に出場。囲碁班の生徒が初めて主将に就任した。部員52名。	浦辺賢太郎	予選9位 （次点敗退）		出場	出場
2007	高校将棋選手権・団体3位入賞（準決勝で青森高に敗退）。高校将棋新人大会3位入賞。以降、7年連続全国大会で表彰台に上がる。春夏強化合宿にプロ棋士を招聘、この年から毎年、合宿でプロ棋士の指導を受けるようになる。部員49名。	工藤元	3位*1			3位 岩泉毅
2008	高校将棋選手権・団体優勝、ついに日本一の座へ。囲碁班は中学団体初優勝、全国大会8位。部員42名。	岩泉毅	優勝*2	出場	出場	3位 中川慧梧

日本一を獲りに行く

2009	高校将棋選手権・団体準優勝（決勝で青森高に敗退）。中川慧梧（2年）が高校将棋竜王戦、高校将棋新人大会優勝。囲碁班・中学団体優勝。囲碁班コーチに澤藤祐己就任。部員57名。	野中凌	準優勝*3		優勝 中川慧梧	優勝 中川慧梧
2010	日本将棋連盟の支部として中学・高校では初の認可を受ける。高校将棋選手権・団体準優勝、中川慧梧（3年）個人優勝。中川はこの年史上初の高校全冠制覇を果たす。囲碁班、高校囲碁選手権出場。部員68名。	澤口諒允	準優勝*4	優勝 中川慧梧	優勝 中川慧梧	出場
2011	3月、東日本大震災。福島県でおこなわれた高校将棋選手権で団体優勝（2度目）。囲碁班、高校囲碁選手権出場。連盟支部の活動の一環として、夏冬強化合宿に地元の小学生の参加を受け付ける。将棋班コーチにOB佐藤圭一就任。部員60名。	皆川泰亮	優勝*5	出場	準優勝 小野内一八	出場
2012	高校将棋選手権・団体2年連続優勝。囲碁班、高校囲碁選手権出場。部の活動に密着したドキュメンタリー番組『ザ・ノンフィクション 偏差値じゃない。〜奇跡の高校将棋部〜』（フジテレビ系列）が放送され大反響、翌年第50回ギャラクシー賞選奨を受賞する。部員48名。	中川滉生	優勝*6	出場	出場	出場

2013	高校将棋選手権・団体3年連続優勝。囲碁班、高校囲碁選手権出場。これまでの功績と地元での普及活動が認められ、盛岡市民栄誉賞を受賞。部員46名。	畑谷公太	優勝＊7	出場	出場	5位 川又祐斗
2014	高校将棋選手権、高校囲碁選手権出場を目指して活動中。同部をモデルにした青春小説『将棋ボーイズ』（幻冬舎文庫）が刊行。部員40名。	川又祐斗				

〈高校将棋選手権 団体戦 入賞チーム〉

＊1―2007年3位　岩泉毅・工藤元・藤村清秀

＊2―2008年優勝　岩泉毅・中川慧梧・澤口諒允

＊3―2009年準優勝　西田明斗・中川慧梧・澤口諒允

＊4―2010年準優勝　澤口諒允・中川滉生・西田明斗

＊5―2011年優勝　中川滉生・櫻井飛嘉・小野内一八

＊6―2012年優勝　中川滉生・櫻井飛嘉・小野内一八

＊7―2013年優勝　櫻井飛嘉・川又祐斗・大桃康

第4章
岩手高校将棋部は、なぜ強いのか

2013年度全国高等学校総合文化祭・観戦記　大川慎太郎

大会初日　優勝旗は一晩預けるだけ

２０１３年7月31日。長崎県は好天に恵《めぐ》まれていた。

高校文化部のインターハイとして知られる全国高等学校総合文化祭。２０１３年の開催《かいさい》地は長崎県で、「しおかぜ総文《そうぶん》祭」の愛称《あいしょう》が与《あた》えられていた。演劇、写真、文芸、小倉百人一首かるた、新聞など24の部門があり、高校生たちによる天候に負けない熱いパフォーマンスが期待されていた。

中でも注目を集めていたのが「将棋《しょうぎ》部門」である。岩手県代表の岩手高校囲碁《いご》将棋部が、大記録に挑《いど》んでいた。男子団体戦で3連覇《れんぱ》が懸《か》かっていたのである。

私は普段《ふだん》、プロ棋士《きし》が指す将棋を観戦し、原稿《げんこう》を書く「観戦記者」として活動している。将棋に夢中になったのは高校時代で、将棋部に在籍《ざいせき》していた。自分の人生を導いてくれたともいえる「高校将棋」への思い入れは強く、何度か全国大会を取材していた。

近年、話題を集めていたのが、男子団体戦で圧倒《あっとう》的な結果を残している岩手高校だ。直近6年で3回の優勝、準優勝が2回、3位が1回。強い。とにかく強い。

と同時に、シンプルな疑問が膨《ふく》らんでいった。

進学校ではないのに、なぜこれほど強いのだろう。

将棋は「頭脳の格闘技《かくとうぎ》」と呼ばれるゲームで、偏差値《へんさち》の高い学校が良績を残すことが多い。過去の最多優勝を誇《ほこ》るのは、東京の麻布《あざぶ》高校。次が兵庫の灘《なだ》高校と愛知の東海《とうかい》高校だ。いずれも押《お》しも押されもせぬ名門校である。

一方、岩手高校はというと、クラスによって差はあるが、偏差値は50前後。お世辞にも進学校とはいえまい。

なのになぜ。

この問いは、ずっと私の頭の中に引っかかっていた。そんな折、岩手高校に密着取材できるという話をもらった。大会前には囲碁将棋部の部室を訪れ、そして全国大会の取材に赴《おもむ》いた。疑問に少しでも迫《せま》れればという気持ちだった。

将棋部門は、西彼杵《にしそのぎ》郡時津町《とぎつちょう》の「コスモス会館」で行われる。時津町は、大村湾《わん》に面した小さな港を持つ街で、江戸時代には宿場町として栄えた。ここで高校生棋士の日本一が決まるのだ（この大会は全国高等学校将棋選手権を兼《か》ねている）。

会場へ入ると、受付は大勢の人でごった返していた。

階段を上った2階が対局の行われる武道場だ。人の波をかき分けて進むと、整然と並べられたテーブルと椅子《いす》が目に入ってきた。テーブルは縦に24列、横に2列並べられている。

ここで男子団体、男子個人、女子団体、女子個人の日本一を決める。各地の予選を勝ち抜《ぬ》き、長崎に来た高校生棋士は454名。全国の総参加者は8000人ほどだという。

生徒たちはメガネ率が高いが、髪を染めている子もいるし、ネックレスなどワンポイントのオシャレをしている子も多い。私が高校大会に出ていた20年ほど前と比べると、全体的に雰囲気《ふんいき》が明るくなり、生徒の格好や物腰《ものごし》も洗練されたような印象を受ける。

目を惹《ひ》くのは、女子の参加者が増えていることだ。本大会では37の都道府県で団体の代表がいるが、昔は不在の県のほうが多かった。また少子化の割には、男子の参加人数も減ってはいない。

男子団体が行われるスペースに、岩手高校囲碁将棋部顧問《こもん》・藤原隆史《ふじわらたかし》先生の姿があった。長袖《ながそで》のＹシャツにネクタイを締《し》めている。前夜に夕食をともにした時は、アロハシャツに短パン、サンダルを突《つ》っ掛《か》けていたのだが、さすがに大会当日はフォーマルな装いである。

間もなく開会式だ。岩手高校は前年度優勝校なので、優勝旗と優勝杯《はい》の返還《へんかん》がある。すると藤原先生が鋭《するど》い口調で言った。

「いつかの全国大会で、優勝旗返還の前に記念撮影《さつえい》をしている学校を見たことがあるんです。その年も出場するのに。そんなことをしてたら、負けると言ってるようなものでしょう。『今年も持ち帰るんだ』という気持ちがあれば、写真なんて撮《と》りませんよ」

もちろん岩手高校は撮影をしない。「優勝旗は一晩、預けるだけですから」と藤原先生は言う。昨日までの穏《おだ》やかな表情は消えている。

一方、岩手高校の将棋部員たちは普段通りに見えた。部員同士でちょっかいを出し合ったり、外部の人間には意味が分からない暗号のような言葉で笑ったりと、リラックスしているようだった。

3連覇を懸けたチーム編成

今回、岩手高校は団体戦に2チームを出す。通常は1県1校だが、前年に優勝校を出した県は2チーム出場できるのだ。岩手県の男子団体には2枠《わく》が与えられ、岩手高校のAチームとBチームで独占《どくせん》した。

Aチームは大将が櫻井《さくらい》飛嘉《あすか》君（3年）、副将が川又《かわまた》祐斗《ゆうと》君（2年）、三将が大桃《おおもも》康《こう》君（3年）。

Bチームは大将が川井《かわい》郁弥《ふみや》君（1年）、副将が山口《やまぐち》大成《たいせい》君（2年）、三将は久慈《くじ》透《とう》也《や》君（1年）。

Bが下級生チームで、さすがにAチームに勝つのは難しいという。とはいえBチームも出場校の平均レベルはある。

また個人戦には、囲碁将棋部主将の畑谷公太《はたやこうた》君（3年）が出場する。なんと7名を全国大会に送り込《こ》んでいるのだ。

さらに囲碁部門の個人戦に出場する松村光《まつむらひかる》君（3年）も一緒《いっしょ》に来ていた。囲碁部門は、将棋の翌日から行われる。

部員8人に、藤原先生と佐藤圭一《さとうけいいち》コーチを加えた総勢10人で長崎入りしていた。

午前9時に開会式が始まった。

優勝杯は「いったん預けられ」（藤原先生）、50分にわたる開会式は滞《とどこお》りなく終わった。

すぐに予選1回戦の開始だ。

本大会は予選リーグが「スイス式トーナメント」で行われる。大相撲《おおずもう》の幕下以下の各段で行われている方式なので、ご存じの方もいるだろう。同レベル、あるいは近いレベルと判断される者同士を意図的に対戦させることにより、総当たり戦より少ない試合数においても、ある程度の順位の正当性を持たせることができるという方式だ。

予選は4回戦で行われる。具体的な組み合わせ方法はこうだ。まず1回戦はランダムに対戦する。2回戦は勝者同士と敗者同士が対戦する。3回戦は2戦全勝・1勝1敗・2戦全敗のそれぞれが、同士で対戦する。4回戦もできるだけ同じ成績同士で、かつ当たっていない相手と対戦する。

そして3勝以上を挙げた15校が決勝トーナメントに進出する。初日は決勝トーナメント2回戦までが行われ、ベスト4が決定。準決勝、決勝は2日目だ。

以前はトーナメント形式の一発勝負だったが、それだとわざわざ全国大会まで来ているのに1局しか指せずに終わってしまうことがある。だが「スイス式」なら、成績が悪くても必ず4局を指せる。実力向上のためにはたくさんの真剣《しんけん》勝負を経験することは必須《ひっす》条件で、若者の大会には適した方式といえよう。

長崎県出身のプロ棋士、深浦康市《ふかうらこういち》九段の合図で対局が開始されると、会場にチェスクロックの電子音が一斉《いっせい》に鳴り響《ひび》いた。

岩手高校Ａチーム・予選１回戦　藤原流の大会攻略法

ビニール製の将棋盤《ばん》の上にプラスチックの駒《こま》を置くと、「パン」という小気味いい響きがする。

選手たちが着手する音が無数に重なり合い、途切《とぎ》れることなく響き渡《わた》っている。会場を見て回っていた深浦九段が「高校選手権には初めて来たんですけど、すごい迫力《はくりょく》ですね」と感嘆《かんたん》していた。

岩手高校Ａチームの１回戦は、福岡県の久留米《くるめ》大学附設高校との対戦だ。前評判では優勝候補には上がっていないが、九州で最も参加校が多い福岡県大会を勝ち上がった実績がある。

将棋は、初手を指してから決着がつくまでに、序盤《じょばん》、中盤《ちゅうばん》、終盤《しゅうばん》という段階がある。序盤戦はお互《たが》いに玉《ぎょく》を囲いながら、攻撃《こうげき》態勢を組み立てる。中盤戦では駒がぶつかり、戦いが始まる。終盤戦はお互いの玉を詰《つ》ませる、防ぐという攻防が繰《く》り広げられる。

普通《ふつう》は後になるほどスリリングになり、観《み》ていて面白い。よって序盤戦、しかも予選の1回戦では大したギャラリーもつかないものだが、Aチームの周囲には数人の観戦者がいた。当然ながら、連覇中の岩手高校は優勝候補と目されており、注目されると同時にマークされているのだ。3局の戦型を熱心にメモする人もいる。他校の顧問だろう。

藤原先生の姿を探すと、3階の観覧席にいた。上から3人の戦いを眺《なが》めている。すぐそばで観戦することも可能だが、全体を一望できる上階のほうが都合がいいのだという。

ライバル校の偵察《ていさつ》をしないのだろうか。

「生徒に頼《たの》まれればやりますが、今回は要望がなかったのでやりません。一方的に与えることはしませんね。ムダです。情報は有益なこともありますが、邪魔《じゃま》をすることもある。悪影響《あくえいきょう》を及《およ》ぼしたらいけませんので」

ムダ――。

取材の過程で、藤原先生の口から何度この言葉が発せられただろう。従来の部活動で必要とされていた常識的なやり方をいくつも否定し、「ムダ」の一言で片付けるのが藤原流だ。

「ミーティング」「現地に着いてからの練習」

これらは意味がないとはっきり言う。生徒たちに大会に臨む心構えを説くことは一切ないし、長崎には将棋盤と駒を持ってきていないという。

「顧問が自己満足で演説したり、説教してもいいことは一切ない。いきなり指示を出されて、何も考えられなくなっちゃう子だっているはずですよ。そうなったら終わりでしょう。現地での練習も意味ないですね。だって大会に向けての調整はきちんと積んでいるのだから、現地で慌《あわ》てて練習する必要はない。たとえばそこでおかしな負け方をして、必要以上に本番に不安を抱《いだ》くかもしれない。そうしたら取り返しがつかなくなる」

とにかく大会直前は楽しく過ごし、リラックスすることが大事だという。

今回、岩手高校は大会2日前の7月29日に福岡入りし、翌日にレンタカーを借りて長崎に入った。途中《とちゅう》、吉野ヶ里遺跡《よしのがりいせき》に立ち寄り、昼にはゲンを担いでとんかつを食べた。

そういえばクルマで長崎に入ったのもゲン担ぎの一つで、過去に全国制覇《せいは》を成し遂《と》げた時は、必ずクルマで会場入りしていたという。「クルマなら優勝旗を持ち帰りやすい」と藤原先生は胸を張る。合理的でムダを排《はい》した思考をする藤原先生が、ゲン担ぎを行うのは少しナゾだが、それで生徒の士気が上がるのなら十分意味があるように思える。

「スピードキング」の面目躍如

1回戦の開始から15分が過ぎた。普通なら序盤戦が終わる頃《ころ》だが、三将戦で早々に動きがあった。局面は早くも終盤戦の入り口に突入《とつにゅう》しており、大桃君が大きなリードを奪《うば》っている。

藤原先生から「大桃は早指しです」と聞いていたが、その通りだった。相手が指すと少し考えただけで、サッと盤上に手が伸《の》びる。その反復が続いていた。

こういう時は相手に合わせずに、自分のペースを守るのが勝負の原則だ。一緒に早指しになるのがいちばんまずいのだが、相手は釣《つ》られて指しているように見受けられた。

将棋は時間を奪い合うゲームという側面もあり、勝負に直結する終盤戦で時間が残っているのは大きなプラス材料だ。相手が早指しであまり時間を使わず、自分だけ一方的に時間が減っていくのは実に嫌《いや》なものである。かといって相手のペースに付き合っては自滅《じめつ》してしまう。

「早く指せるのは才能だ」と言ったのは、藤井システムなど数々の新戦法を繰り出し、アマチュアから絶大な人気を誇る藤井猛《ふじいたけし》九段である。

もっともリスクがないわけではない。見落としが出やすいのだ。ともすると軽薄《けいはく》と紙一重ではあるが、大桃君の指し口には浮《うわ》ついたところは見られなかった。短い時間でも、きちんとした方針に基づいて指し手を選んでいる。前傾《ぜんけい》姿勢で盤上をじっとにらんでいる姿は、集中力の塊《かたまり》だった。

「負けました」と相手が投了《とうりょう》すると、大桃君もペコリと頭を下げた。自分から口に出して負けを認めなければいけないのが将棋の礼儀《れいぎ》で、他のゲームにはないところだ。観戦する立場からすると清々《すがすが》しさを覚えるが、敗者にはつらいところでもある。

大桃君は30分ある持ち時間の13分を残しての快勝劇。「スピードキング」の面目《めんもく》躍如《やくじょ》といえよう。

将棋は決着がつくと「感想戦」を行う。一局を最初から振《ふ》り返り、お互いの読み筋を明かして検討するのだ。指し手のどこがまずかったかなど反省点を具体的にあぶり出し、次への糧《かて》にする。プロ棋士に将棋の上達法を尋《たず》ねると、「感想戦を行うこと」という答えが返ってくることも多い。

簡単に感想戦を終えた大桃君は、岩手高校勢が陣取《じんど》っている3階の観覧席を見上げた。右手でメガネの柄《え》を押さえる。ずっと眉間《みけん》にしわを寄せて3人の対局を眺めていた藤原先生の姿を見つけると、両手で大きな◯マークを作った。

先生は少し表情を緩《ゆる》めてうなずいた。

キーパーソンの課題

「カギは大桃だと思います」

大会の3週間ほど前の7月上旬、私は岩手高校囲碁将棋部の部室を訪れていた。藤原先生に大会の展望を聞くと、三将戦がポイントになると断言した。なぜか。

「櫻井（大将）と川又（副将）は実力的に、2人とも負けることは考えられない。悪くても1勝1敗になっているはずだから、大桃の勝敗がカギになります」と言う。

さらに「将棋の実力は文句ないんだけど……」と黙《だま》った。そして「落ち着きに欠けるところがあるんです」と続ける。

部活動の様子を見せてもらった時に、印象に残った生徒が大桃君だった。将棋の定跡書《じょうせき》や専門誌の付録を手にして、教室内を歩き回っている。本を読んでいたかと思うと、近くで指されていた対局に目をやる。また周囲を見渡し、終わっている将棋があれば感想戦に口を出す。

岩手高校囲碁将棋部は中・高生が一緒になって活動する。中学生、高校生がそれぞれ固まるのは自然だろう。もちろん中学生でも実力がある子は上級生に交じっている。つまり学年と棋力《きりょく》を合わせてのグループができているのだが、そのどこにも入っていないように見えた。

藤原先生に聞くと、「確かに1人でいることが多いですね」と言うが、気にした様子はない。それよりも、「団体戦の重みを分かっているかどうか心配でした」と言う。

別の大会で団体戦のメンバーに起用した時、早指しで形勢を悪化させ、早々に負けたことがあったそうだ。

「最初に終局する将棋は負けてはいけない」

これは岩手高校が団体戦を戦う時のモットーだ。理由は簡単。まだ戦っている2人の士気が下がるからだ。

藤原先生は、大桃君の早指しについては何も言わない。そこは個人の領域だと考えている。ただし、持ち時間を余して負けると怒《おこ》る。精一杯戦っていないからだ。

他にも「対局中は自分の将棋に集中する。隣《となり》の将棋に気を取られてはいけない」ことも口を酸っぱくして指導しているという。

団体戦は1人だけの戦いではない。だから常に他の2人のことも考えなければいけない。そうなると、スタンドプレーに走っていいわけがない。大桃君にはちょっぴりその心配があったようだが、最終的には彼《かれ》を信じてAチームに起用したのだ。

大桃君に初めて話を聞いた時に、何度も繰り返していた言葉がある。

「他のメンバーに信頼《しんらい》されるような将棋を指したい」

「いい内容の将棋を」でもなければ、「勝ちたい」でもなかった。彼はまず、「信頼される」ことを強く欲していた。

「去年、連覇した時のメンバーは、傍《はた》から見ていても、信頼し合っているのがよく分かりました。団体で全国優勝するにはそうじゃなきゃいけないんだって」

大桃君の将棋は周りに信用されていると思う？　少し意地悪な問いをぶつけてみると、少考して「まだ、されていない気がします。だから大会までに改善していきたいです」と神妙《しんみょう》な表情で語っていた。

どうすれば周囲に信頼されるのか。それはつらく厳しい問いかけだ。行動で示すしかないのは間違《まちが》いないが、人の心は分からない。彼が大いに悩《なや》んで長崎に来たのは容易に想像できた。

対局を終えた大桃君は、再び自分の席に座って大将・副将戦を静かに見守っている。これも岩手高校の大事な約束事の一つだ。

「自分の将棋が先に終わっても、全体が決着するまではその場を離《はな》れない」

先勝した者がすぐにどこかに行ってしまうようなチームは勝てない、というのが藤原先生の持論だ。

チームの結束。岩手高校は団体戦を戦う上で、これを何よりも大事にする。

間もなく副将の川又君が勝ち名乗りを上げ、岩手高校の勝利が決まった。

強力なライバル校の存在

苦笑いを浮《う》かべながら藤原先生が近づいてきた。

「次、明誠《めいせい》だよ」

3階の観客席の一角に溜《た》まっていた部員たちに動揺《どうよう》が走る。

「しかし、2回戦で当たるかねえ」

そう言って先生は小さくため息をついた。

明誠とは、静岡県代表の藤枝《ふじえだ》明誠高校のことだ。高校将棋の名門校で、男子では1回、女子では5回の全国制覇を果たしている。

「藤枝明誠（静岡）、聖望《せいぼう》学園（埼玉）、幕張総合《まくはりそうごう》（千葉）、そしてウチでしょう」

大会前に優勝候補を尋ねたところ、藤原先生はキッパリとした口調で語っていた。

「でも客観的に見たら、明誠が頭一つ抜けている気がします」と付け加える。

かつて、藤枝明誠高校には名顧問がいた。

加藤康次《かとうやすじ》。10代は奨励《しょうれい》会員としてプロ棋士を目指していた。教員になってからは棋道《きどう》部の指導に力を注ぎ、全国レベルに育て上げたことで知られる。

「名顧問がいた」と過去形で書いたが、加藤先生は2008年に51歳《さい》の若さで急逝《きゅうせい》された。その時中学1年生だった生徒が、今大会の団体メンバーに2人いる。最後の愛弟子《まなでし》たちが今大会にかける思いはとてつもなく強い。

藤枝明誠のメンバーは、大将が阿部俊貴《あべとしき》君（3年）、副将が友田敦也《ともだあつや》君（3年）、三将が栗田郁也《くりたふみや》君（2年）だ。

特に大将と副将の2人が超《ちょう》強力で、阿部君は第7回高校生将棋王将戦で準優勝、友田君は第20回全国高校将棋新人大会で優勝を果たしている。

2人の棋力を計るいい物差しが、今大会の男子個人戦だ。優勝は長森優作《ながもりゆうさく》君（甲南・3年）、準優勝は長谷川大地《はせがわだいち》君（浜松北・3年）。長谷川君は静岡県代表だが、県予選は3位だった。明誠の阿部君と友田君が決勝を独占するも、団体戦で全国大会に出るため、長谷川君が繰り上がりで出場することになった。3人の棋力はいい勝負。つまり明誠の2人は、個人戦でも全国トップクラスの実力を誇るのだ。

実は昨年の高校選手権の決勝の相手が藤枝明誠だった。3－0で勝利したものの、相手は2年生が2人含《ふく》まれていた。阿部君と友田君だ。逆に岩手は櫻井君が残ったものの、3年生が2人卒業している。

プロ棋士で学生棋界《きかい》に最も詳《くわ》しい勝又清和《かつまたきよかず》六段も「さすがに藤枝明誠でしょう。あのメンバーで優勝できないのは考えにくい」と予想していたほどだ。

スイス式の2回戦は、1回戦の勝者同士が対戦する。よって優勝候補同士が当たる可能性は十分にあるが、それでもまさかという感じで意表を衝《つ》かれたのだ。

大将の櫻井君は「明誠です。ヤバイですね」と言う。言葉とは裏腹に、不敵な笑みを浮かべていた。大桃君は「まだ予選だし、負けてもいいと思ってやります」と静かに言った。確かに負けても残り2つを勝てば予選突破《とっぱ》はできる。とはいえ出会い頭に叩《たた》き、精神的に優位に立っておきたいのが本心だろう。

岩手高校Aチーム・予選2回戦　際どい攻防の連続

目を引いたのは副将戦だった。プロでも指されている相矢倉《あいやぐら》戦の定跡形に進んでいる。プロが採用するくらいだから、優劣《ゆうれつ》は難しい。先手の友田君が攻め、後手の川又君が受ける展開になった。

アマチュアで持ち時間が短い対局は、原則として攻撃側が少し有利だ。攻めている側は少し間違えても問題ないが、守備側のミスは致命傷《ちめいしょう》につながることが多い。

それだけ神経を使うので精神的に消耗《しょうもう》し、ミスが出やすくなる。

友田君が駒をぶつけ、いよいよ総攻撃を開始した。だが川又君の表情は変わらない。淡々《たんたん》と応接する。高校生は、将棋の形勢が表情や態度に露骨《ろこつ》に出る。苦しければ頭をかきむしり、小さくうめく。舌打ちをする。優勢ならチェスクロックを軽やかな手つきで叩く。若さゆえに分かりやすいのだが、ポーカーフェイスの川又君の態度からは、形勢を読み取ることができない。

中盤戦で、川又君に意表の受けが出た。好きにやってきなさいと、両手を広げて待ち構えるような手だ。スケールの大きさは感じさせるが、一歩間違えれば奈落《ならく》の底へ転落する。

友田君は凶暴《きょうぼう》な攻めで襲《おそ》い掛かり、川又君がいなす。際どい攻防が続いたが、守備の網《あみ》にわずかなほころびが生まれた。そうなるといけない。一度バランスが崩《くず》れると、差はドンドン広がってしまう。友田君の厳しく鋭い指し手の前に、川又君は一気に敗勢に追い込まれ、間もなくうなだれるように頭を下げた。

完敗だった。川又君はメガネを外し、両手で頭を抱《かか》えた。最初に終局した将棋での負け。自分のしたことの重大さは分かっている。

櫻井君は苦笑いを浮かべていた。3階で戦況《せんきょう》を見守っている藤原先生の表情は変わらない。両腕《りょううで》を組んで手すりに乗せ、その上に顎《あご》を置いている。会場は冷房の効きが弱く、先生の額には玉の汗がにじんでいた。

川又君は駒を初形に並べ、感想戦を始めた。手つきに力はなかった。

副将・川又君のプレッシャー

川又祐斗君は茨城県水戸市出身。将棋を覚えたのは小学校1年生の時で、友達に将棋教室に誘《さそ》われて一緒に行ったのがきっかけだった。すぐに夢中になり、実力をつけた。そのうちに近所では相手がいなくなった。

小学4年の時に、日本将棋連盟が東京・千駄ヶ谷《せんだがや》で開講している「子供将棋スクール」に通い始める。わざわざ茨城から上京するところに、将棋への熱い思いが感じられる。アマ四段強の実力をつけた川又君は、プロ棋士への憧《あこが》れを抱く。学校で出された「将来の夢」という課題には、「プロ棋士」と書きつけるようになっていた。

中学生になってからも将棋連盟の教室には通い続け、そこで教わっていた戸辺《とべ》誠《まこと》六段に「奨励会を受験してみない？」と誘われた。

奨励会とはプロ養成機関のことだ。合格すると大体6級からスタートし、5、4、3、2、1級ときて、次は初段、二段、三段。四段になれば晴れてプロ棋士だ。四段になれるのは入会者の約2割。またいつまでも挑戦《ちょうせん》できるわけではなく、26歳までに四段になれないと退会しなければいけない。会員はみな地方で天才と称《しょう》された少年ばかり。それでも5人に1人しか四段になれない狭《せま》き門である。

まだ中学1年生だった川又君には、失敗した時のイメージは湧《わ》かなかった。戸辺六段に声をかけられた時は、体中をめぐる血液が熱くなり、心臓の鼓動《こどう》が早まった。

「本当に嬉《うれ》しかった」と述懐《じゅっかい》する。

さらなる努力を重ね、いよいよ奨励会試験を迎《むか》える。受験には原則としてプロ棋士の師匠《ししょう》が必要だが、戸辺六段が引き受けてくれた。若手棋士にもかかわらず普《ふ》及《きゅう》に熱心なことで知られ、弟子を何人か取っている。

結果は厳しかった。中学1、2年と続けて不合格の憂《う》き目を見たのだ。2度失敗し、3度目の正直を果たしたプロ棋士もいるが、普通は見切りをつけるだろう。夢が破れた川又君は将棋への情熱を失う。盤へ向かうことはめっきり少なくなった。

中3の初夏、父親がある提案をしてきた。岩手高校のオープンスクールに行かないか、と言う。将棋連盟の「子供将棋スクール」の存在を教えてくれたのも父親で、やはり岩手高校が将棋の強豪《きょうごう》校であることが大きかったのだろう。実際に部活動に参加してみて、開放的な雰囲気、そして強豪が揃《そろ》っているところに惹かれた。男子校であることは気になったが、親元を離れて寮《りょう》生活を送ることに抵抗《ていこう》はなかった。「一人っ子だったので、夜に仲間と遊べるのは憧れというか、楽しみにしていました」と言う。

岩手高校に入学し、将棋部に入部してよかったと心から思っている。「毎日が合宿みたいで本当に楽しい。先輩《せんぱい》も優しくしてくれるし」と川又君は言う。

岩手高校将棋部で驚《おどろ》いたのは、先輩たちの団体戦に懸ける思いだ。それまで将棋といえば、1人で指し、勝った喜びも1人で味わうもの、いわば孤独《こどく》の愉《たの》しみだった。他人の力を借りられない将棋とは、そういうゲームである。

だが団体戦はそうではない。確かに盤上は自分1人の力で何とかするしかない。だが自分の結果でみなが一喜《いっき》一憂《いちゆう》し、自分もまた仲間の結果で喜び、悲しむ。そしてみなの思いを背負って将棋盤に向かうと、1人で指していた時よりも力が湧いてくるというのだ。川又君は、将棋に対して以前とは違《ちが》った喜びを見出《みいだ》せるようになっていた。

今大会に臨むに当たり、プレッシャーは大きかったという。

「連覇しているから、優勝以外の成績では『負けた』ってことになる。絶対に優勝するしかないって自分に言い聞かせていました」

不安もあった。本大会は事前に大将、副将、三将のメンバーを登録する。本番で変えることは許されないので、誰《だれ》と当たる可能性があるのかは、あらかじめ分かるのだ。名簿《めいぼ》を見た川又君は、やはり藤枝明誠が気になったという。

「他の学校だったら大体大丈夫《だいじょうぶ》だと思ったけど、明誠の友田君には勝てる自信が全然なかった」と率直に言う。

そして、それは現実のものになった。

思いがけない形勢逆転

放心状態の川又君を尻目《しりめ》に、大将と三将の2人は必死の形相で盤に向かっていた。三将戦に目をやると、大桃君がじっと考え込んでいた。右手で拳《こぶし》を作り、何度も開閉させている。1回戦と違って、指し手にスピード感がない。時間の減り具合も相手と同じくらいだった。

盤上に目をやると、形勢を損ねていることがはっきりと分かった。大桃君の玉は固い。すぐに負ける心配はないのだが、戦力不足に陥《おちい》っていた。将棋は相手の玉を詰まさなければ勝てないので、攻撃陣が頼《たよ》りないのは致命的《ちめいてき》だ。

大桃君が何度も胸に手をやる。極度の緊張《きんちょう》から息が苦しくなったのだろうか。そんな心配に襲われたが、しっかりとした手つきで着手している。

ついに相手が攻めに転じてきた。明誠の三将、栗田君は自信に満ち溢《あふ》れた手つきで先手陣に攻めかかる。大桃君はじっと耐《た》え、反撃《はんげき》の機会をうかがっている。

一瞬《いっしゅん》だけ攻めが止《や》んだ。栗田君は力を蓄《たくわ》えるような一手を選んだのだ。ややスピード感には欠けるが、攻めに厚みを加えた確実な一着といえるだろう。これには普通、自玉のそばに駒を埋《う》めるなりして受けるものだが、大桃君は違った。そっと敵玉のそばに持ち駒を置いたのだ。そしてまた胸に手を当てた。

栗田君は少考に入った。王手ではないので、放置することもできる。けれど1回受けておくのが確実だ。それで大桃君のお願いは瓦解《がかい》する。しかし――。

栗田君が選んだのは攻めだった。すかさず大桃君の手が敵陣《てきじん》に伸びる。

パシッと手がしなった。

形勢逆転。

そこからは大桃君の独壇場《どくだんじょう》だった。数手指し、栗田君は静かに頭を下げた。

あっという間の逆転。相手のミスに助けられたとはいえ、一瞬の足で差し切ってしまったのだ。切れ味の鋭さには驚かされる。

逆転勝利で三将戦を制した大桃君は、3階席の藤原先生に向かって、今度は指で控《ひか》えめに○マークを作った。また先生は小さくうなずいた。

1勝1敗。勝負の行方は大将戦に委《ゆだ》ねられた。

櫻井VS阿部。2人はこれまでに4局の対戦があり、2勝2敗と互角《ごかく》だという。

櫻井君は川又君と違い、対藤枝明誠戦に悪いイメージはなかった。「阿部君は右玉や雁木《がんぎ》など、居飛車《いびしゃ》の力戦型を好みます。そういうゴチャゴチャした将棋は好きなので、定跡形を指す友田君よりはやりやすいと思っていました」と言う。ただし「勝負は分かりませんけどね」と付け加えることも忘れなかった。

局面は終盤の入り口。形勢は櫻井君がよさそうだった。

自分の将棋について「序盤が苦手。中・終盤が得意です」と言っていたのだから、この段階でリードを奪っているのは大きい。

櫻井君は動きが少ないが、阿部君は右手を頭にやったり、天を見上げたりと、せわしない様子を見せていた。時折、苦しげな表情を見せる。両者の様子が、そのまま盤上の形勢を表しているようだった。

着実な手で敵玉に迫っていた櫻井君が仕上げにかかる。阿部君の最後の抵抗を打ち破り、止《とど》めを刺《さ》した。まったく危なげない勝利だった。

岩手高校の勝利が確定した瞬間《しゅんかん》、ギャラリーから大きなため息が漏《も》れた。

藤原先生が「この勝利は大きいよ」と実感をこめて言う。佐藤コーチが「これで優勝を狙《ねら》えますね」と言うと、先生は小さくうなずいた。

感想戦を終え、仲間のほうへ向かう時の櫻井君の表情は見たこともないくらいほころんでいた。

阿部君は立ち上がってもすぐにその場を離れなかった。駒が乱れている盤上をじっと見つめた後、両手で自分の腿《もも》を叩いた。パンという音が鳴った。

勾玉のペンダントと団結力

2回戦を終えたところで昼食タイム。Aチームは2連勝だが、Bチームは初戦を落として1勝1敗だった。

岩手高校は3階の観覧席に固まって座り、近所で買ってきたパンをぱくついている。1000円弱するお弁当を頼んでいる学校も多いが、藤原先生は「高い」という理由で頼まなかった。

1年間に何度も遠征に出かけるため、藤原先生は部費のやりくりに頭を悩ませている。できる限り出費を抑《おさ》え、各部員の家庭に負担をかけないように努力しているそうだ。

今回も仙台から福岡までは飛行機に乗ったが、当然早割りのチケットを購入。そして福岡からはワゴン車を借りて現地入りしたことは前述した。また岩手から東京への遠征などは、旅費をできるだけ浮かせるためにマイクロバスを使う。そのために大型の運転免許を取ったのだ。

あっという間に食事が終わった。みな、パン1個しか食べない。育ち盛りの彼らにとっては少ないのではないかと思ったが、決してケチっているわけではない。大会当日は緊張感が高まっているため、「あまり入りません」とみな口を揃える。

また8時に朝食をしっかり摂《と》っていることも、小食の要因の一つだという。大会当日、先生はクルマの出発時刻しか伝えない。部員の起床時刻は自由だが、朝食だけは必ず食べるように言ってある。

藤原先生が「最初に負けちゃダメじゃないか」と川又君に言うが、厳しい口調ではない。敗れた副将はただ苦笑い。隣にいる櫻井君は微笑《びしょう》を浮かべている。

そんな2人を眺めていて、あることに気がついた。色違いの同じペンダントが胸に光っていたのだ。聞くと、昨日吉野ヶ里遺跡を訪れた時に、団体Aチームの3人と、個人戦に出場する畑谷君の4人でお揃いのものを購入したのだという。

これは先生の指示ではない。土産物屋にあった勾玉《まがたま》のペンダントを気に入った川又君が、「これをつけたら団結力が増すのではないか」と櫻井君に相談した。すぐに賛成し、大桃君を呼んでみなで買ったそうだ。

この光景を見ていた佐藤コーチは、「いける！」と確信したという。「正直いって、櫻井と川又は、大桃とあまり交わっていなかったんです。仲が悪いというわけではないのですが」と教えてくれた。

部活動を取材した時に、こういうシーンがあった。大桃君が彼らに話しかけ、返事がある。そして沈黙《ちんもく》。会話はその一往復で終わってしまい、広がりを見せないのだ。とはいえ、お互いに話しかけられた時に迷惑《めいわく》そうにしたりすることはない。嫌《きら》っているわけでもなさそうだった。

櫻井君はこう言っていた。

「そんなに交流はないですね。大桃は1人でいるのが好きだから」

川又君はこう語った。

「大会の前までは、1対1で話すことは少なかったです。いい人なんだけど変わっている。歩く姿から何から何まで面白く感じることがあります」

なんと大桃君は、そのペンダントを昼食時にいじって壊《こわ》してしまった。「縁起《えんぎ》が悪い」と慌《あわ》てた佐藤コーチが修理し、事なきを得たという。

大桃君が対局中、何度も胸に手をやっていたのは、ペンダントに触《さわ》っていたのだ。

彼はどんな思いをこめていたのだろう。

昼食後、どこかへ行っていた大桃君が戻《もど》ってくると、櫻井君が声をかけた。「あと2つを確実に取って全勝で決勝トーナメントの1回戦はシードを狙おう。やれるだけのことをやろう」

大桃君はうなずいた後、「俺《おれ》が足を引っ張らないようにしなきゃ」と自分に言い聞かせるように呟《つぶや》いた。

岩手高校Aチーム・予選3回戦　ネット将棋世代の上達法

3回戦は明星《めいせい》高校（大阪）との対戦だ。

生徒から少し離れた場所にいた藤原先生は「ライバル校に劇的な勝ち方をした後は、緩むことがある。3回戦の相手は無名だけど、全国大会で2勝するんだから力があることは間違いない」と言っていた。ただ生徒には何の言葉もかけなかった。

あえて岩手高校から離れて、あちこちを見て回ることにした。気づいたのは、指されている将棋のレベルが高いということだ。私が高校生だった20年前よりは明らかに数段上の将棋を指している。

いちばんの要因は、インターネット将棋の普及だろう。将棋はいろいろな勉強法が存在するが、やはり実戦を積むことが大事だ。自分より少し強い相手と指すことは最も有効な上達法である。

昔は、部活以外で強い相手と指したければ、街の将棋道場へ行くしかなかった。ただ地方は週末しか営業しないところも多く、行っても指したいレベルの相手がいないこともある。また時間的、金銭的にも制約がある。

21世紀に入り、インターネット将棋道場が爆発《ばくはつ》的にヒットした。自分の好きなタイミングで無料で指せる。全国、いや世界中からアクセスがあるので、対戦相手にも困らない。またレーティング制を採っているので自分の実力が一目瞭然《いちもくりょうぜん》になり、目標を立てやすい。

実戦不足に悩まされていた地方の学生棋士にとって、ネット将棋は大きな福音となった。また指すだけではなく、観ることができるのも大きな特徴《とくちょう》だ。「将棋倶楽部24」という最も人気があるサイトでは、プロ棋士や奨励会員も指している。ハンドルネームなので誰かは分からないが、指し口を見ればプロ筋であることはすぐに分かる。

日曜日の午前中に「ＮＨＫ杯テレビ将棋トーナメント」が放映されており、プロの指し手と自分の考えを比較《ひかく》するファンは多いが、ネットならそれを毎晩できるのだ。指すだけでなく、観て考えることによって強くなった人も多い。

またプロ棋士の対局の多くがネットやモバイルで中継《ちゅうけい》されている。20年前に比べれば、プロの技術に触《ふ》れられる機会が圧倒的に多くなった。これがアマチュアのレベルアップに大きく貢献《こうけん》していることは間違いない。

将来、将棋史を振り返った時に、ネット将棋の誕生は大きなパラダイムシフトとして評価されるはずだ。

岩手高校の将棋部員も、ネット将棋は大いに活用している。寮には当初、インターネットはなかったが、藤原先生が学校に引いてあるＬＡＮを使えるように整備した。かかった費用はもちろん部費から捻出《ねんしゅつ》しなければいけない。

環境《かんきょう》整備には手間を惜《お》しまない藤原先生だが、ネット将棋を練習のメインに据《す》えることは疑問だという。

「やっぱり大会はフェイス・トゥ・フェイスでやるものですから。ネットだと相手の表情も見えないし、着手の気合いが伝わらない。ネットだけだと、落とし穴がある気がします」

櫻井君と大桃君はネット将棋をかなり活用している。

「僕《ぼく》は定跡書を読まないし、棋譜《きふ》並べもしない。詰将棋も解きません。実戦オンリーなのでネット将棋は活用しています。正直、部活の練習より身になるかもしれません」と櫻井君は率直に言う。

デジタル世代らしからぬことを言ったのは川又君だ。

「ネット将棋はゲーム感覚で適当に指しちゃうんでダメ。マウスをクリックするんじゃなくて、実際に駒を持って指したいんです」

岩手高校Aチーム予選通過・Bチーム予選敗退　1位で予選突破

岩手高校Aチームは3、4回戦のいずれも、3－0のストレート勝ちを決めた。

これで4戦全勝。堂々たる成績で予選通過を果たした。

Bチームは2勝2敗で予選敗退が決まった。2勝1敗で迎えた4回戦にすべてを託《たく》したが、対戦相手がなんと藤枝明誠。1勝を挙げる健闘《けんとう》を見せたが、そこで力尽《つ》きた。

藤原先生がそわそわしている。予選を1位で通過したのかどうか気を揉《も》んでいるのだ。予選1位の場合は、決勝トーナメントの1回戦が不戦勝になる。戦わずしてベスト8に進めるのは言うまでもなく大きい。また他の学校は5局指してベスト8戦を迎えるのに対し、1位の学校は4局しか戦わずにすむ。消耗の度合いが違う。

なぜ1位がシードなのか。48チームでスイス式トーナメントを4回行った場合、1位から3位までが4戦全勝、4位から15位までが3勝1敗、16位から33位までが2勝2敗となる。本来、ベスト16なのだから16チーム出られるはずだが、それだと2勝2敗のチームが1チーム入ることになる。それよりは「決勝トーナメント進出は3勝以上」としたほうが分かりやすいので、1位をシードにしているのだ。

4勝した3チームの順位のつけ方は、まず対戦した相手がどれだけの勝ち星を上げているかを計算する。数が多ければそれだけ強豪と戦ったということなので、上位になる理屈《りくつ》だ。

結果がプロジェクターに表示された。いちばん上に岩手高校の名前があった。予選1位通過。誰かが小さく「よし」と言った。

岩手高校の対戦校の勝数は12。同じく4勝校の聖望学園は9、開成高校（東京）は8。なんと岩手高校が予選で対戦した4校は、すべて3勝1敗の成績で決勝トーナメント進出を決めていた。結果的に、強豪校ばかりと戦っていたことになる。

「なんちゅう予選だ」と藤原先生がため息をつく。過去に全国大会に出場した時は、そんな事例はなかったという。けれど激戦と引き換《か》えに得た権利はとてつもなく大きい。

藤原先生にはもう一つの心配事があった。決勝トーナメントの組み合わせである。予選2位の聖望学園が反対側のブロックに入ることは決まっている。あとは藤枝明誠がどこの山に入るかだ。いつかは相見《あいまみ》えることになるが、できれば決勝までは当たりたくない。

幸運の女神が微笑《ほほえ》んだ。

藤枝明誠は7位通過。逆側のブロック、それも聖望学園の隣の山に入った。両校が勝ち上がるとベスト8で当たる。初日のうちに、どちらかが姿を消すことになったのだ。岩手にとっては願ってもない展開である。

藤原先生が大きなため息をついた。

「危なかった。明誠がもう少し順位が下だったら、ベスト8で当たっていた」

岩手の隣の山は、予選8位と9位が入る。

追い風が吹《ふ》いていた。

OB佐藤コーチの気配り

「みんな、甘《あま》いものを摂っておけよ」

そう言って佐藤コーチは、休憩《きゅうけい》中の部員にチョコレートを配った。糖分は脳の働きをよくするといわれている。プロ棋士も対局中にブドウ糖のサプリメントなど、甘いものを摂る。

「自分も学生の時、何局か指すとボーっとしてきて集中できないことがありましたから」と懐《なつ》かしそうに言った。

29歳の佐藤コーチは、岩手高校囲碁将棋部のOBである。現役時代に全国大会の出場は叶《かな》わなかったが、藤原先生や将棋部の仲間を慕《した》い、OBになってからも合宿に顔を出して後輩《こうはい》を指導していた。

2011年、藤原先生に「大型免許を取ればコーチにするよ」と誘われた。思いがけない言葉に驚いたものの、すぐに喜びがこみ上げてきた。早速免許を取得してコーチに就任した。

年2回の合宿、そして遠征や大会に同行するのが主な役割だ。バスのハンドルを握《にぎ》ることもある。実家は自営業で、奥さんの理解があるからこそできることだ。この遠征でも1週間近く家を空けている。

岩手高校の部活動のコーチは、学校から謝礼が支払《しはら》われる。だが仕事の内容からすれば、ボランティアといってもいい金額だ。

「やっぱりお世話になった母校と先生に恩返しをしたいんです。自分は大したことはできないけれど、少しでも貢献できたら」

佐藤コーチはこうも言った。

「高校時代に将棋部に入っていなかったら、自分の人生はまったく違ったものになっていました。いま、休日にフットサルや釣りを楽しんでいるのですが、その仲間も将棋部の先輩後輩が多いんです。岩手高校の将棋部も20年もの歴史があるので、上と下の世代が少し離れてきました。自分が接着剤のような役割になって、みんなが世代の垣根《かきね》を越《こ》えて仲良くなったらいいな、と思って」

さらに「人間関係が人生でいちばん大事なので」ときっぱりした口調で語った。

佐藤コーチの遠征での役割は、ズバリ部員への気配りだ。

常によく視線が動いている。部員を観察して、いまどういう状況《じょうきょう》にあるかを把握《はあく》するのが大事だという。手持ちのドリンクがなくなっていれば、自動販売機《じどうはんばいき》で購入してそっと渡す。もちろん部員一人ひとりが好きな銘柄《めいがら》は頭に入っている。

実務的なことばかりではなく、メンタル面のケアも怠《おこた》らない。いや、むしろこちらのほうが大事なのかもしれない、と言う。普段よりおとなしい子がいればさりげなく声をかけ、コミュニケーションをとる。心配事があれば相談に乗る。そして具体的な解決に動く。そもそも高校生くらいになると、心配事を大人に打ち明けないものだが、その心の扉《とびら》を開かせるのが抜群《ばつぐん》にうまいのだと藤原先生は感嘆する。

「40を過ぎた辺りから、生徒の気持ちがうまくつかめなくなってきた。だからその辺はコーチに任せています」と藤原先生は淡々と話す。普通なら自分ができないことを認めるのはしんどいことだが、先生は違う。「自分はあれができない、これができない」と積極的に口にする。

たとえば藤原先生は、団体戦のメンバーと将棋を指さない。アマチュア四段の実力があり、じつは毎日のようにネット将棋を指しているのだが、それでも対戦することはない。全国優勝を争うほどの実力を持つ彼らといい勝負をするのが難しいからだ。将棋部の顧問といえば経験者が多く、生徒とぶつかり稽古《げいこ》をするのが普通だが、岩手高校ほどの強豪校ではそれも難しい。だから、プロ棋士を合宿に呼ぶのである。

生徒が実力向上と対局に集中できる環境を整備すること。これを藤原先生と佐藤コーチは徹底《てってい》しているのだ。

それにしても、高校生の大会でここまでケアをするものだろうか。これで生徒たちは自己管理が身につくのか、精神的に自立することができるのか、そして真の強さを身につけることができるのか。

藤原先生はこう言った。

「ドリンクを渡すことなんかは、甘やかしているのかなと思うこともあります。でも、それが勝つための材料になっているのなら否定はしません」

決勝トーナメント進出　指導者に求められるもの

決勝トーナメント1回戦がぽつぽつと終局し始めた。

すでに予選は終了《しゅうりょう》しているので、朝は一杯に埋まっていた座席も半分以上が空いている。予選敗退したと思われる生徒たちが、対局の邪魔にならない場所でおしゃべりに興じたり、将棋を指したりしている。全国大会の常連なら、久しぶりに会う棋友《きゆう》もいるだろう。また新しい友達ができることもあるはずだ。ケータイを取り出して、アドレス交換《こうかん》をしているところもよく見かけた。

高校生の将棋大会というと、どういう雰囲気を想像されるだろうか。対局中はピンと張り詰めた空気が漂《ただよ》っているが、そうでない時は実に和やかで開放的だ。指導者が大声で怒鳴《どな》ったりすることはないし、生徒が顧問の顔色をうかがい、何かに怯《おび》えているような態度を見せることもない。

指導者が強い口調で指示し、部員全員が「ハイッ」と間髪《かんはつ》を容《い》れずに声を揃えるようなシーンは、何も体育会系だけのものではない。吹奏楽《すいそうがく》を始めとして、文化系でもそういうスタイルを取る学校は少なくないのだ。けれど将棋はそうではない。スポーツと同じく勝敗を争う競技であるにもかかわらず、体育会系のノリは微塵《みじん》もないのだ。

これは将棋が個人戦で、かつ思考力と創造性が強く求められるゲームだからだと思う。たとえば書道でも音楽でもいいが、多くの文化系の種目は、指導者から見本となる型が与えられ、それを徹底して模倣《もほう》することが求められる。型に近づく練習を何度も繰り返し、さらに繰り返し、大抵《たいてい》はそこで3年間（実質は2年と少し）が終わってしまう。そういう練習は、指導者の言うことが絶対になりやすく、独特の雰囲気が生まれる。風通しが悪くなるといってもよい。

そもそも2年と少しの修練では、自分のオリジナリティを出すことは難しい。型に近づく修練をひたすら繰り返し、その結果どうしても溢れ出てしまう自我がオリジナリティだからだ。

将棋は違う。もちろん基本はあるが、大枠は自由だ。戦法の選択肢《せんたくし》はたくさんあるし、そこに自分なりのアレンジをすることも可能だ。アマチュアが開発した戦法をプロが取り入れることだってある。勝利という目的地に向かっているのなら、途中経過は何をやってもいい。だから指導者がダメ出しをすることが難しく、基本的には「自分で学びなさい」となる。生徒は自己責任を自覚し、学ぶ。そうなると抑《よく》圧《あつ》的な雰囲気は消える、いやそもそも生まれないのだ。

プロ棋士の勝又六段は言う。

「『怒る』という指導法は、将棋に最も向いていないと思います。男性棋士の親御《おやご》さんを見れば分かりますが、そういう人はほとんどいません。子供のやりたいことを尊重し、応援するだけで、盤上に口を挟《はさ》むようなことはありません」

高校将棋の指導者についてはこう言う。

「いい指導者は怒鳴ったり、偉《えら》そうなことを言ったりしません。フレンドリーで熱心。これが名匠《めいしょう》の条件だと思います」

緊張感に満ちた対局と、そうでない時の親密な空気。高校選手権の全国大会に来ると、いつもそのギャップに魅《み》せられる。

将棋に対してすれっからしになっている私も、素直にいいなと思うのだ。

有力校がまさかの敗退

意外なニュースが飛び込んできた。

ライバル校の一つである聖望学園が、決勝トーナメントの1回戦で敗退したのだ。

聖望学園はメンバー3人が揃いのユニフォームを着用していた。ブルーの地に白のロゴで記された学校名は、迫力を感じさせるのに十分だった。

その青の軍団が、藤枝明誠と当たる前に姿を消した。少し意外そうな顔をした藤原先生だったが、特に言及《げんきゅう》することはなかった。全国大会を知り尽くしている先生にとっては、有力校の敗退は珍《めずら》しくないのだろう。そしてそれは、岩手高校にも起こりうることなのだ。

シードを得た岩手高校の面々は、3階の観覧席で思い思いに休憩していた。清涼《せいりょう》飲料水を飲み、ケータイをチェックする。雑談に花を咲かせる。大会中とは思えないほどリラックスしていた。2階に降りると、川又君が女子と楽しそうに話をしていた。将棋部の面々に見せる笑顔とはまた一味違う。

あとで尋ねると、「地元の知り合いなんです」と即答《そくとう》する。中学時代に茨城の将棋大会でよく顔を合わせていたのだそうだ。

櫻井君が、決勝トーナメント表を眺めながら難しい顔をしている。準々決勝の相手は、金沢泉丘高校（石川）に決まった。「ノーマークだったけど、いろいろ聞いたらかなり強いらしいんですよ」と呟くように言った。

「全部勝ってますけど、自分はあまり調子がよくなくて……。大丈夫かな」

エースが表情を曇《くも》らせた。

準々決勝　最大のピンチ到来

初日最後の対局である準々決勝が始まった。時刻は午後5時を回り、窓から西日が差し込んでいた。

金沢泉丘《かなざわいずみがおか》は、大将に1年生が座っている。田中勇貴《たなかゆうき》という名前を見て、ある記《き》憶《おく》がよみがえった。第2回将棋ジュニア銀河戦のチャンピオンだ。決勝戦は「囲碁・将棋チャンネル」で放送される。田中君はテレビカメラの前でも物怖《ものお》じせずに戦い、見事に優勝を飾《かざ》っていた。

田中君はとにかく序盤の駒組みが自由奔放《ほんぽう》だ。定跡からどんなに外れている指し方でも、普通はどこかに主張点があるものだが、私にはそれが見当たらなかった。

だが、それで結果を出しているのだから、中・終盤の腕力《わんりょく》がケタ違いということになる。

櫻井君は戸惑《とまど》っているようだった。相手の真意がはかりかねるといった様子で、慎重《しんちょう》に手を進めていた。時折、右手を後頭部に押し付けている。

対照的に田中君は自信満々な様子だ。指し手に淀《よど》みがなく、ピシピシと指し進める。着手のスピードは大桃君といい勝負だ。

こういう力将棋は手なりで指すことは難しく、局面の急所を見抜く力が必要になる。奔放な駒組みというのは、必ずどこかに無理がある。そこを衝けば、自然に優位に立てるはずだが――。

櫻井君はじりじりと押されていった。田中君は自玉の上部に駒を集め、櫻井君の攻め駒を責め始めた。バラバラだった田中陣の駒が、次第に目的を持って集結し始めた。もはや、ハチャメチャな駒組みではなくなっている。

櫻井君は「うーん」と喉《のど》を苦しそうに鳴らす。次第に、形勢不利が誰の目にも明らかになった。田中君の角《かく》の利きが強力で、攻めの糸口をつかむのが難しくなっている。

隣の副将戦に目を移した私は息を呑《の》んだ。大将戦よりさらに形勢が悪い。川又君の表情は変わらないが、普段より背中が丸まっているのが苦戦の証《あかし》だ。三将戦は大桃君がはっきり優勢だが、全体では劣勢《れっせい》を強いられている。決勝トーナメントは予選と違って、負けた瞬間に即《そく》、敗退なのだ。

この日、最大のピンチが訪れていた。

櫻井君が持ち駒の桂《けい》を手にした。

パンという音がして、盤上に桂が置かれたが、それは相手の歩《ふ》の前だった。

タダじゃないか。

思わず私は声を上げそうになった。

大将・櫻井君の信望

櫻井飛嘉君は青森県青森市の出身。珍しい名前だが、「あすか」と読む。名づけた父親によると、字画が非常にいいのだそうだ。

将棋は小学3年生の時に覚えた。近所で無料で将棋教室が開かれており、それに参加したのだという。5年生の時に本格的に熱中し、メキメキと上達した。

体を動かすことも好きで、水泳が大の得意。小学生の時には市の大会で優勝したこともある。それでも将棋を迷わず選んだ。

隣県《りんけん》の岩手高校に入学したのは、同郷の中川慧梧《なかがわけいご》君（現在は立命館大学4回生）に誘われたからだという。岩手高校在学中に日本一になった伝説のOBだ。高校生の大会ではない。アマ王将位大会という年齢《ねんれい》制限がない一般《いっぱん》のアマ大会で全国優勝している。櫻井君の入学と入れ替《か》わりに中川君は卒業していったが、憧れの先輩に一歩でも近づけるように、毎日努力を重ねた。

実戦、実戦、また実戦。

本は読まないので、序盤の定跡は詳しくない。だから大体「最初は形勢が苦しくなる」という。駒がぶつかる辺りから力を発揮し始め、相手を惑《まど》わせるのが得意だ。ゴチャゴチャした戦いに持ち込み、混戦をスッと抜け出す能力に長《た》けている。

入学してすぐに団体戦のレギュラーに起用された。右も左も分からない状況だったが、先輩に食らいついていった。2年生2人に1年生1人というメンバーにもかかわらず、結果は優勝。櫻井君は全勝という見事な成績を収め、1年生でいきなり勝利の喜びを味わった。

翌年はプレッシャーに襲われた。前年の優勝メンバーがそのままスライドするため、「優勝して当然」という雰囲気が生まれていたからだ。苦しかったが、団体戦の面白さに気づいたのもこの頃だった。

「個人戦より全然面白いです。重みも違うし。勝つと全員で『ワッ』と騒《さわ》げるところもいい」と櫻井君は言う。

重圧をはねのけて2連覇を達成。またもや全勝を果たした。そして今回、3連覇に挑んでいるのである。また3年間、高校選手権団体戦で負けなしという快挙もかかっている。しかし、「達成できたら嬉しいですけど、それは二の次。とにかくチームが勝つことが大事ですから」とさほど興味を示さない。とにかく団体での勝利をいちばんに思っていることが分かる。誰かの受け売りやどこかで聞いたスローガンを暗唱しているのではなく、彼が腹の底からチームプレーの尊さを実感していることを、言葉の端々《はしばし》から感じることができた。

落ち着き払《はら》った態度は大学生くらいに見える。藤原先生は「櫻井は考え方や振《ふ》る舞《ま》いが大人なんですよ」と言う。私が取材で岩手高校を訪れた日、櫻井君は部活を早退することになっていた。帰り際にわざわざ私のもとを訪れ、「他に何か（聞きたいことは）ありますか？」と気を遣《つか》ってくれた。高校生でなかなかできることではない。

岩手高校全体が「アスカは大丈夫」と絶大な信頼を寄せている。しかし、局面は劣勢に陥っているのだ。

薄氷の勝利

桂打ちを見た田中君が動かなくなった。それまではノータイムで指し手を紡《つむ》いでいたが、急にブレーキがかかったようだ。チャンスと見て読みを入れているのか、それとも――。櫻井君は相手の表情をチラリとうかがった後、コーラをぐびっと飲み干した。そして再び盤上に視線を戻した。

10分以上が経《た》っていた。田中君はまだ指さない。なぜ、タダの桂を取らないのだろう。私の頭の中は、?マークで一杯だった。

ついに田中君の手が動いた。歩で桂を取る。私は心の中で「そうだよなあ」と同意した。櫻井君が桂をプレゼントした真意がつかめなかった。もしや、うっかりか。

しかし、これは渾身《こんしん》の勝負手だったのである。ターンが回ってきた櫻井君は一気に攻勢に出た。先ほどと打って変わって、攻め駒に躍動《やくどう》感が生まれている。あまりの急転ぶりに、私は目を見張った。冷静になって盤上を見ると、絶大な威力《いりょく》を発揮していた相手の角の働きが弱くなっている。先ほど桂を取るために歩を動かしたのだが、それが陰《かげ》になって角の利きを遮《さえぎ》ってしまったのだ。その間を縫《ぬ》って、櫻井君は怒濤《どとう》の攻めに出た。

大将戦の形勢が好転した少し後に、大桃君が勝ち名乗りを上げた。持ち時間を5分残しての快勝劇。「スピードキング」はこの日、全勝を挙げた。

よくなってからの櫻井君の指し回しは素晴らしかった。緩みは一切なく、敵玉を追い詰める。そして間もなく、勝利が確定した。

それにしてもなんという指し回しだろう。相手の角の働きを弱めるために、大事な持ち駒をタダ捨てするとは。そして歩で取った田中君はその罠《わな》にかかったのだ。高校生とは思えない老獪《ろうかい》な勝負術に舌を巻くしかなかった。

副将戦は負け。岩手高校は2勝1敗で勝利し、翌日のベスト4に駒を進めた。大将戦が際どかったことを考えると、薄氷《はくひょう》の勝利といえよう。

櫻井君に話を聞くと、「危なかった」とため息をついた。

桂を打った局面は、「角で取られていたらヤバかった」という。歩で取らずにあえて価値の高い角で桂を取ってきたら劣勢は変わらなかったというのだ。その角は次に歩で取り返すことができるので櫻井君が駒得《こまどく》になるが、今度は相手に手番が渡るので、攻めを封《ふう》じ込められていた可能性が高いという。

将棋は好手で形勢をひっくり返すことは不可能だ。逆転が起こる時は、必ずミスが発生する。櫻井君は、相手に複数の選択肢を与え、迷いが生じるような局面に誘《ゆう》導《どう》した。それがうまくはまったのだ。もちろん正着《せいちゃく》を指されていたら、形勢は苦しいままである。自身の持つ勝負術をすべて繰り出して、逆転に成功したのだ。戦前の不安は的中したが、自らの手で振り払ったのである。

学年ボーダレス化の伝統

ベスト4の組み合わせは、岩手－灘、開成－藤枝明誠に決まった。

午後7時。まだ個人戦は続いていたが、団体戦組は初日の対局が終了した。会場を出ると、外は薄暗《うすぐら》くなり始めていた。

岩手高校一行が粛々《しゅくしゅく》とワゴン車に向かう様子を見て、クスリと笑いがこみ上げた。「お、団体行動しているじゃないか」と新鮮《しんせん》な気分になったのである。遠征時にみなが一緒に行動するのは当然の話だが、それが新鮮に見えるほど、普段の部活動がバラバラに映ったのだ。

岩手高校囲碁将棋部の活動を見学して驚いたことの一つに、生徒たちの帰宅時間が自由なことがある。一般的な部活動は、終了時間まで全員で活動するだろう。ところが岩手高校は規定の時間が過ぎると、1人、また1人とカバンを持って教室を出ていく。まさに「消える」という言葉が適切だった。

「やるべきことが終わったら、さっさと帰ればいいいんですよ。よくあるじゃないですか。やることをやったのに、指導者が来るのを整列して待っているとか。そういうのは一切ムダです」と藤原先生は言う。

なお部員たちは、部活を休む際に先生に事前に連絡《れんらく》する必要はないという。「1回、1回、休むと言ってきても面倒《めんどう》なので」と先生。サボろうと思えばいくらでもサボれるが、「そういう生徒はいないですね」とのことだ。

さらに言えば、部員の上下関係が感じられなかったのも驚きだった。後輩が先輩に対して普通にタメ口を利いている。先輩たちもごく自然に受け入れ、普通に会話をしているのだ。全国大会初日も、ある1年生が会話の中で、3年生の大桃君のことを敬称《けいしょう》をつけずに呼んでいた。

もちろんこれは部員内だけのことだ。私のような外部の人間には、みなきちんとした敬語を使う。

「人によると思いますが、基本的には部内で敬語は使わないですね。入部した時からそれが当たり前になっています」と櫻井君は言う。「後輩にタメ口を利かれてもムカつかない？」と尋ねると、不思議そうな顔をして「全然」と返した。

他の部員に尋ねても、みな「入部時からそういう雰囲気だった」と口を揃える。ちなみに岩手高校の他の部活動は上下関係があるという。「運動部は普通に厳しいですよ。将棋部だけが特別だと思います」という声が多かった。

学年のボーダレス化は囲碁将棋部の伝統なのだ。とするとそれは、藤原先生の方針といっても差し支えないだろう。もし先生の意にそぐわないのなら、そういう雰囲気にはならないからだ。

「将棋部に体育会的な上下関係を持ち込むといいことはありません。むしろ上達の妨《さまた》げになると思っています。下級生が上級生に気を遣いすぎると、自分の力を存分に発揮できない。学年が違っても、みんな仲間という意識を持つことが大事なんで す。将棋の棋力も関係ないし、どんなに強くても『神様』みたいな存在ができることはありません。あのアマ王将に輝《かがや》いた中川慧梧だって、部活では下級生にからかわれていたこともあるんですよ。でもそれは親しまれていたということなんです」

そう言って藤原先生は、岩手高校史上最強のOBの名前を挙げた。彼は部内では「タヌキ」と呼ばれ、誰からも愛される人気者だったという。

部員たちの足並みが揃っていないようでも、それは見た目の問題なのだ。厳しい上下関係にも意味はあるだろう。ただし将棋部、それも団体戦を勝つためには、親しみやすい仲間意識を持たせることに力点を置いたほうがよい。なにより風通しのいい自由な雰囲気の中で、楽しく活動する。これが岩手高校囲碁将棋部の方針なのだ。

宿選びも戦略のうち

ホテルに戻った後、藤原先生と佐藤コーチとともに居酒屋に繰り出した。2人とも嬉しさというよりは、安堵《あんど》感で一杯のようだった。

ビールで乾杯《かんぱい》した後、この日の戦いを振り返る。いちばん話題に上がったのが大桃君だった。

先生とコーチは、大桃君のことを時々「ピーチ」と呼ぶ。

「ピーチ、よくやった。安定感も落ち着きもあったし、去年と比べれば人が変わったみたいだ」と藤原先生が称《たた》える。

「アスカが言ってました。『大桃が勝ってくれるから、安心して対局に臨める』って。正直、大会前は不安もあったけど、３人の間に絆《きずな》が生まれていますね」と佐藤コーチはしみじみと言った。

それは私も同感だった。

大桃君の活躍《かつやく》とは裏腹に、副将の川又君は3勝2敗という成績だった。藤枝明誠戦はともかく、金沢泉丘に負けたことには少なからずショックを受けているように見えた。そんな時、大桃君が川又君に優しい口調で言ったのだ。

「団体戦なんだから、そんなに気を落とさずに頑張《がんば》って」と。

それを聞いた川又君は大桃君を見て、小さくうなずいた。以前の２人の関係なら、そういう言葉は出なかったに違いない。

「この全国大会で、他の部員も成長した気がします。途中で（Bチームの）川井が、『ドリンクを買ってきましょうか』と言ってきたのには驚きましたね。いままでだったら考えられないですよ。まだ1年生のうちは、どうしても自分が中心という部分が強い。でも、チームのために『何かやらなきゃ』という気になったんでしょうね」と佐藤コーチが言った。

「1年生で全国大会に出場できるのはすごくいい経験になる。自分の将棋もそうだけど、先輩たちの戦いぶりを見て、どうすれば勝てるのかという疑問に自分なりの答えを見つけることができる。川井は自分なりに感じたことがあったんでしょう」

藤原先生はビールを飲み干し、さらに言葉を続けた。

「だから全国大会に2チームを出せるのは本当に大きい。来年は川又を中心にチーム作りをするだろうけど、他の2人はいまのBチームから上がってくる可能性が高いわけだから。一度全国大会を経験しているのとしていないのとでは、全然違う。今年優勝すれば、また来年2チーム出られる可能性がある」

正の連鎖《れんさ》とはこのことを言うのだろう。

「毎年、3年生が抜けると、『ああ、戦力ダウンだなあ』と心の中では思う。でも、必ず下の世代が伸びてきます。だからいくら次世代の戦力が頼りなく感じても、『いまの3年生に懸けてます』っていう態度は絶対に示しちゃいけない。在校生がそれに気づいたら翌年は絶対に勝てませんよ」と藤原先生。

どの世代にも同じように接して、同じように情熱をかけたからこそ、連覇が続いているのだ。

この時ふと、朝のバスの様子を話した。多くの学校は繁華街《はんかがい》の長崎市内に宿をとっており、会場の時津町までは路線バスで来ていた。私も選手たちに交じって乗車したのだが、暑い中、ぎゅうぎゅう詰めの車内に苦しめられた。本来は40分ほどで到着《とうちゃく》するはずが、渋滞《じゅうたい》もあって1時間以上かかったのだ。ずっと立っていた生徒は肉体的にも精神的にも消耗したのではないか、と。

すると先生は「我々はそこで香車《きょうしゃ》1枚くらいリードしているね」と少し嬉しそうに言った。

「ホテルは会場のすぐそばに取るべし」

今回、岩手高校将棋部一行は、会場から600メートルほど離れたホテルに宿泊していた。会場周辺の唯一《ゆいいつ》の宿である。徒歩で7、8分の距離《きょり》だったが、それでも藤原先生が運転するワゴン車で移動するという念の入れようだった。

将棋というボードゲームは「頭脳の格闘技」と称されるだけあって、一般に考えられているよりもかなり体力を消費する。脳をフル回転させる状態が続くので、1局を終えるとかなりの疲労《ひろう》感を覚える。公式戦で1日かけて将棋を指すと、2~3キロ減ってしまうというプロ棋士もいるほどだ。

もちろんプロと高校生は同じではない。一般的に高校生の大会では、1局指すのに大体1時間15分ほどかかる。高校選手権の団体戦は初日に最大6局が行われるので、約7時間半を将棋盤の前で集中しなければいけない。体力に満ち溢れた年代とはいえ、勝ち進めば消耗の度合いが激しくなる。体力勝負になった時、朝の移動の差が出ることも否定はできないだろう。なるほど岩手高校は一歩リードしていたのだ、と思った。

ただし、ライバル校の藤枝明誠はさすがだった。宿こそ長崎市の繁華街だったが、レンタカーを借りて会場入りしていたという。これならストレスは少ない。先生に言うと、「でも移動で結構かかるでしょ。うちは5分もかからないから」。なるほど、顧問の負けず嫌いも、強さの理由の一つなのだろう。

いつまでも話は尽きなかった。佐藤コーチの携帯電話が何度も鳴る。ＯＢが結果を気にしてかけてくるのだ。中川君からも電話があり、後輩の活躍を喜んでいるようだった。

そのうちに藤原先生が小さくあくびをしだした。

「昨日は2時、3時半、5時と3回も目が覚めたんです。チームが負ける夢も見ましたよ」

佐藤コーチが口を開いた。

「明日もピーチが勝てば優勝できると思います」

大会2日目　主将・畑谷君の役目

8月1日。いよいよ優勝校が決まる日だ。

前日同様、この日の気温も高かった。ただ長崎市内からのバスは閑散《かんさん》としている。初日で敗れた学校が乗車しないからだ。会場も前日とは打って変わって人気がなく、なんだか寂《さび》しい。勝負の残酷《ざんこく》さを感じるが、だからこそ光輝く人間が出てくるのだ。岩手高校の面々と顔を合わせると、佐藤コーチが「事件が起こりました」と苦笑する。

いったい何事か。

なんと大桃君が、勾玉のペンダントをなくしたのだという。朝に気づいて必死になって探したが、結局は出てこなかった。就寝《しゅうしん》前まではあったというのだから、消えるはずはない。あれほど大事にしていたのに。

場の空気は一気にひんやりとしたが、危機を救ったのが囲碁将棋部の主将を務める畑谷公太君だった。自分がしていたものを外し、「はい」と大桃君に差し出したのだ。大桃君は少し挙動不審《ふしん》気味に慌てていたが、畑谷君のものを首にかけると、ほっとした様子を見せたという。

「(ペンダントがなくても)大桃君の実力なら大丈夫だと思いますけどね。でも、一応」と静かに言う。

畑谷君は昨日の個人戦に出場し、結果は2勝2敗。2勝1敗で最終戦に望みをつないだが、優勝者の長森君に敗れて予選通過はならなかった。よって2日目は自分がつけなくてもいいという思いもあったそうだが、さすが主将の機転だ。

ここで少し、畑谷君の物語を記したい。

将棋を覚えたのは小学生の時。ただ駒の動かし方など、ルールを知った程度で、本格的に始めたのは岩手高校に入ってからだ。

「最初は全然勝てませんでした。でも優しい先輩がたくさんいて、いろいろ教えてくれました。勝てるようになったのは2年生の後半からです」と振り返る。

定跡書を読み、学んだことをネット将棋で試す。インプットとアウトプットの繰り返しが主な勉強法だ。

「将棋はいろんな手があって、すごく奥が深い。指し方も自由なので考えがいがある。一生懸命《いっしょうけんめい》考えた手が成功すると嬉しいですね」

そう言って畑谷君は微笑を浮かべた。

2年生の9月、彼の身に驚くべきことが起こった。主将に任命されたのだ。

岩手高校囲碁将棋部は、主将が次の主将を決める、いわゆる「指名制」を採っている。指名された側は断ることはできない。

「驚きました。てっきり櫻井君だろうと思っていたので。なぜ僕なのか、理由は聞いていません。僕はあんまり人のことを怒ったり注意できないので、主将に向いてないと思うんです。いまでも自信はありません」

藤原先生曰《いわ》く、「過去のケースからすると、部の主将は必ずしも将棋が強い生徒が指名されるわけではありません。将棋がさほど強くなくても、人望がある子が任命されることもあります。その辺は前主将がどう考えているかですね」

畑谷君はいかにも生真面目《きまじめ》な雰囲気を漂わせている。両手を腿の上で揃え、肩を怒《いか》らせていた。取材に緊張している。ただし、将棋と部活の魅力《みりょく》について語る時だけは自然と笑みが浮かんだ。

「やっぱり部活は雰囲気が楽しいのがいいです。すごく楽しいっす」

彼は二度、「楽しい」と言った。そこには力がこもっていた。

畑谷君は岩手県の個人戦で準優勝し、全国大会の切符を勝ち取った。なお岩手高校のAチームのメンバーは例年、個人戦に出場しない。畑谷君も個人戦で負けていた場合、Bチームで団体戦に出た可能性が高かったという。

「本当は団体戦に出たかったんですけど仕方ありません」と言う。やはり彼も、団体戦に強い思いを抱いていた。

予選を突破できなかったが、2勝したのは快挙だ。それはなぜか。彼は高校に入ってから将棋を始めたからである。

男子、女子ともに、個人戦の上位入賞者は、みな小・中学校から鳴らした者ばかり。はっきり言ってしまえば、高校から始めた者では県大会で入賞することすら難しい。そんな中で全国大会出場を果たしただけでも偉業《いぎょう》だが、予選で2勝を挙げたことはそれ以上である。

まずは畑谷君の才能と努力が称えられるべきであるのは言うまでもないが、岩手高校の育成システムが大きな影響を与えていることは間違いないだろう。元々、棋力がある生徒を伸ばすことはもちろん、初心者の育成にも機能していることは驚きである。この2つは、なかなか両立しないように思えるからだ。

どちらが大変かといえば当然、後者である。一から教える必要があるので、時間と手間がかかる。そんな時、力を発揮するのが上級生たちだ。岩手高校では先輩が、初級者・中級者の後輩に懇切丁寧《こんせつていねい》に教えるという伝統がある。

具体的な方法の一つが「多面指し」だ。例えば1人の上級生が、3人の後輩と指す。1対3という意味ではなく、それぞれと対局するのだ。3局同時に指すのは大変そうだが、慣れれば問題ない。そして1局が終わると、惜しみなくアドバイスを与える。これを繰り返すのだ。棋力に大きな差がある場合は、1対1で指すよりもずっと効率がいい。

入部時からある程度実力がある生徒も、先輩たちには大きな刺激《しげき》を受けるようだ。Aチームのメンバーが大きな壁《かべ》となって立ちはだかるからである。その先輩に挑んで打ち負かされることによって、全国トップレベルの実力を肌で感じることができる。

「初心者から、全国トップクラスまで揃っているのがうちの強みなんですよ」と藤原先生は言う。生徒のレベルに隙間《すきま》がない。よって身近に次の目標が存在することになる。次はあの先輩、次はあの人というように。これは大きなモチベーションになるだろう。

多くの部員が、「○○先輩に教えてもらった」と具体的な名前を出していたし、「先輩に優しくしてもらった」と言っている。学年の垣根を取り払い、先輩と後輩が積極的に触れ合うことによって技術を吸収するのはもちろん、岩手高校が何より重視する「団体戦」への意識が高まっていく。意外性に満ちた活動内容の数々も、すべては「団体戦で勝つ」という頂に向かっているのだ。

勝負を見守る視線

対局場では、団体、個人ともに5位の表彰《ひょうしょう》が行われていた。前日、惜しくもベスト4入りを逃した生徒たちが賞状を受け取っている。

岩手高校の面々は3階に集まっていた。初日と様子は変わらない。先生はそばにいて、生徒の様子を静かに見守っている。いまさら気合いを入れたり、アドバイスを送ることもない。そんなことは「ムダ」なのだ。結局、先生は対局前にメンバーに声をかけることはなかった。

櫻井君と川又君は連れ立って2階の対局場へ降りていった。胸に畑谷君のペンダントをかけた大桃君は、自分のカバンをごそごそあさっている。また何かをなくしたのだろうか。結局、お目当てのものは見つからなかったようだが、「よし、行ってきます」と自分に言い聞かせるようにして、決戦の場へ向かった。その様子を見ていた女性がクスリと笑う。大桃君のお母さんだった。

今回、大桃君はお母さんとおばあさんが応援に来ていた。「行ける時は行くようにしています」とお母さんは笑顔で言う。

いろいろと話を聞いた。

大桃君が将棋に初めて触れたのは小学1年生の時。他の子と異なるのは、海外で覚えたことである。父親の仕事の都合で南米のペルーに行っており、そこの日本人学校で教わった。

小2で日本に帰国。出身地の新潟県で行われた小さな大会に出場し、準優勝を果たした。そこからますます熱中した。

「子供の頃から変わった子でした。スポーツは苦手だけど見るのは大好きで、異様にデータに詳しい。たとえば相撲が好きで番付表をノートに書いたりしていました。いったん興味を持つと、とにかくのめり込みます」

そう言って、大桃さんは顔の横に両手をかざした。「他のことが目に入らない」というポーズだ。

中学は地元の中高一貫《いっかん》校に入る。中学2年の時に、岩手高校囲碁将棋部の合宿に参加した。レベルの高い部員たちの将棋を見て、「自分もここでやりたい」という希望を持つ。ご両親も賛成するが、一つ問題が持ち上がった。中高一貫校だったため、高校からの転校は許さないと学校が伝えてきたのだ。それでも大桃君の意志は固かった。

「どうしても岩手高校に行きたい」

解決法は、地元の公立中学に転校することだった。そして晴れて岩手高校に進学する。中学3年の秋という微妙《びみょう》な時期の転校はストレスがあったと想像できるが、それでも強い気持ちで乗り切ったのだ。

岩手高校に入った当初はワンマンプレーなどが目立ち、安定感に欠けた。なかなか周囲の信頼を獲得《かくとく》することができなかったが、自分を一から見つめ直して課題を自覚し、克服《こくふく》しようと努力を重ねてきた。最後の大会でAチームのレギュラーを獲得。初日は全勝と大活躍を見せたのは前述した通りだ。そしてついに、最後の勝負を迎えようとしている。

準決勝　灘高を抑える

まったく危なげのない勝利だった。

昨日、2敗を喫《きっ》して不安もあった川又君が最初に勝利する。

その直後、大桃君が勝ち名乗りを上げた。灘高校三将の玉はまだまだ堅《かた》いが、攻めが完全に切れてしまっている。投了も仕方ない。

岩手高校の勝利が確定すると、藤原先生が珍しく3階から降りてきた。腕組みをして、大将戦の模様をじっと見守っている。

櫻井君は手堅《てがた》い指し回しで優位を築いている。序盤がうまくないことが唯一の弱点だが、この将棋ではそれもない。

最終盤戦。灘高校の大将の玉に詰みがあるように見えた。確認すると、たくさん駒を捨てているが、やはり詰んでいる。櫻井君なら当然見えているはずだ。

しかし、櫻井君は詰ましにいかなかった。王手をかけずに敵玉のそばに駒を置く。専門用語でいう「必至」だ。いわゆる受けなしで、何をどうやっても玉は助からない。ただし王手ではないので、返す手で櫻井君の玉を詰ましてしまえば相手が勝つ。しかし、もちろん櫻井君の玉は安全だ。間もなく勝利が確定した。

ただ私は疑問に思った。必至をかけるのも確かに手堅いが、詰みが見えていれば普通はそちらを選ぶはず。最短の勝利がいちばん美しいというプロの美学は、アマ強豪にも浸透《しんとう》している。櫻井君は詰みが見えなかったのだろう。もしかしたら不調なのか。

しかし、それは私の思い込みだった。櫻井君は、敵玉の詰みがちゃんと見えていた。

「詰みは分かっていましたが、駒をたくさん渡すので、万が一見落としがあった場合に逆転してしまう。だからちょっとドン臭《くさ》かったけれど、確実な必至を選びました」と言う。

そしてこうも言った。

「まあ、すでに決勝進出が決まっていたので、詰ましにいってもよかったんですけどね。つい癖《くせ》が出ちゃいました」

これまでの大会でも、同じような指し方を何度かしているという。

「個人戦ならどんな指し方をしても、自分の責任ですみます。でも団体はそうはいかない。慎重になります」

櫻井君は真剣な口調で言った。

団体戦と個人戦で将棋の指し方を変える。高校生でこれを意識している生徒がどれだけいるだろうか。

決勝戦　再び藤枝明誠と

逆側のヤマは、藤枝明誠高校が勝ち上がった。昨年と同じカード。いよいよ最終決戦だ。

3人の表情は変わらない。川又君が「ガクブルだよ」と言って周囲を笑わせている。大したものだ。大桃君は「ついにここまで来たという感じです。3年間のすべてをぶつけたい」と鋭い口調で言った。

櫻井君は2人を優しい目で見ていた。水泳で鍛《きた》えたというがっしりとした肉体が、いつもより大きく見えた。

3人よりも、藤原先生のほうが緊張しているようだった。私には「何もアドバイスせずに送り出します」と言う。生徒の前に立つと、「よし、行こう」と号令をかけた。

2階に降りる準備をしている櫻井君と目が合うと、「大桃が勝ってくれるんで、安心して臨めます」と言う。

その大桃君は「よし、頑張るか」と言って立ち上がった瞬間、上の壁に頭をぶつけた。笑いが起こった。

決勝戦が行われるテーブルの周りには、使わないテーブルを横倒《よこだお》しにして間仕切りが作られていた。対局者が集中できるように、周囲にスペースを保ったのだ。

両校の生徒が机を挟んで対峙《たいじ》する。いよいよだ。

明誠の大将、阿部君が振り駒を行う。歩を5枚持ってシャッフルし、それを盤の上に投げる。表が3枚以上出れば、明誠が大将先手、副将後手、三将先手となる。

逆に岩手は大将後手、副将先手、三将後手だ。

歩が3枚表を向いた。明誠の先・後・先だ。その時思わぬことが起こった。

阿部君が「ボク先手ー」とおどけるように言って、右手を挙げたのだ。すると友田君が「ボク後手ー」と手を挙げ、栗田君が「ボク先手ー」と続けた。

岩手も負けていない。櫻井君が「ボク後手ー」と真似《まね》をすると、川又君が「ボク先手ー」と言い、少し戸惑ったような表情をした大桃君が「ボク後手」と小さく手を挙げた。

顔を見合わせた両校の間に爆笑《ばくしょう》が起こり、「バカすぎるな」と誰かが言った。

「まなじりを決して」もいいが、こういう空気も悪くない。彼らの笑顔は間もなく、引き締まった表情に変わった。

最終決戦が始まった。

激闘

6人がそれぞれの思いを込めて、駒を運んでいる。

大将戦は、先手の阿部君が得意の右玉に組み、後手の櫻井君が矢倉に囲った。お互いに力を発揮できそうな戦型だ。

三将戦は相矢倉に。お互いに玉をガッチリと囲った。先手の栗田君が攻め、後手の大桃君が受ける展開になる。

意外だったのは副将戦だ。早々に角を交換する「角換わり」という戦型になったのだが、序盤で千日手《せんにちて》になった。

これは双方《そうほう》が手待ちなどを繰り返し、局面が前に進まない状況になることを言う。どちらかが打開すればいいのだが、動いたほうが形勢が悪くなる。だからどちらも手を出せずに、手待ちが続くのだ。4回同じ局面が現れると、自動的に先後を入れ替えて、最初から指し直しになる。プロではたまに起こる現象だが、アマチュアでは珍しい。攻め好きが多いので、どちらかが打開に出ることが多いからだ。

しかし、川又君も友田君も動かなかった。早々に、リスクを負うわけにはいかないということなのだろう。懸かっているものの大きさをあらためて感じた。

動きがあったのは三将戦だ。栗田君が飛車を切り、命懸けの攻めを決行した。大桃君は歯を食いしばって耐える。しばらくは先手の攻めを覚悟《かくご》しなければいけないが、持ち駒には飛車がある。うまくしのげば大きなチャンスがめぐってくる。

気になったのは、早指しの大桃君が相手より時間を使っていることだ。ただし、受けに回っているので仕方がない面はある。攻撃と違って守備は一つのミスも許されない。だからこそ慎重に時間を使うのだ。

大将戦は駒がぶつかり始め、捻《ねじ》り合いの展開になった。櫻井君が少し苦しそうだが、勝負はこれからだ。

三将戦が中盤の佳境《かきょう》を迎えている。どうやら大桃君が先手の攻めをしのぎきった。持ち駒の飛車を先手陣に打ち込み、攻防に利かせている。攻めても受けてもどちらでもよさそうだが、そういう局面がいちばん怖《こわ》いのだ。

大桃君は、畑谷君から借りたペンダントを触っていた。ブルーの勾玉が見え隠《かく》れする。

大桃君は守備に回ることを決断した。最強の防御《ぼうぎょ》である「入玉《にゅうぎょく》」して勝とうと腹を決めたのだ。

入玉とは、自分の玉を敵陣に入れてしまうことだ。入玉すれば相手の背後に回り込むことになるので、まず捕《つか》まらない。将棋の駒は基本的に前に進む性質があるので、後ろに攻めるのはかなり難しいのだ。もし入玉された場合は、自分も入玉を目指すことになる。お互いに入玉した場合はどうなるのか。玉が捕まらないので通常の決着はつかない。お互いの持ち駒を点数化し、その合計点が多いほうが勝つ。

大桃君は、力強い手つきで玉を上部に進めた。四段目、五段目と突進《とっしん》する。敵陣に自分の成銀《なりぎん》と竜《りゅう》はいるが、いかにも心細い。なるほど栗田君の持ち駒は角と歩だけなので確かに捕まらなそうだが、それにしても玉単騎《たんき》で敵中突破を図る度胸には恐《おそ》れ入る。

ついに大桃玉が八段目まで到達《とうたつ》した。玉の周りに駒が少ないのが気にはなるが、まず捕まらない格好だ。あとは先手玉を攻めるのだろう。

3局をいっぺんに観戦したくなり、3階の観覧席へ向かった。先生は左手の指先を唇《くちびる》に当て、視線を2階に向けていた。会話をする者はいない。コーチも、Bチームのメンバーも、ただ黙って3人の将棋を見ていた。

大将戦の櫻井君は少し盛り返したようだ。副将戦に目を移すと、川又君の形勢がかなり悪い。左手の人差し指に髪《かみ》を巻きつけながら考えているが、顔色が冴《さ》えない。体を前後にゆらゆらと揺《ゆ》らしている。チラリと櫻井君の将棋に目をやった。どんな気持ちで見ていたのだろう。

大将戦は互角、副将戦は明誠勝勢、三将戦は岩手優勢だ。トータルで見れば勝負の行方はまだ分からない。そんな時、事件は起こった。

A図。後手の大桃君が5三の銀を6四の地点に出た局面だ。先手は入玉を狙っているが、それを上部から防いだのだ。一見、好手のようだが――。

岩手高校のBチームの誰かだろう。小さく「あ」と声を上げた。その瞬間、私も気づいた。☖6四銀は悪手であることに。

栗田君が飛車を手にした。☗6八飛。なんと王手銀取り。先ほど出た急所の銀を、

【A図は△6四銀まで】

タダで取られてしまったのだ。

あっという間の逆転。

大桃君はこう述懐する。

「銀を上がってから数秒して気づきました。『ヤバイ』と思ったらすぐに飛車を打たれて……。血の気が引きました」

これで先手玉の入玉を防ぐのは難しくなった。あとは駒数による点数勝負だが、これは大桃君が圧倒的に足りない。

はっきりと敗勢になった。

さらなるバッド・ニュースが岩手高校を襲う。必死に粘《ねば》っていた川又君がついに土《ど》俵《ひょう》を割ったのだ。予選に続いての連敗――。

友田君の的確な指し手の前に、終始押され

気味だった末の完敗だった。遠目にも、川又君が憔悴した表情をしているのが分かる。

岩手高校の敗戦が濃厚《のうこう》になった。それでも藤原先生は微動《びどう》だにしない。2人の戦いをじっと見つめている。

櫻井君は懸命に指し手を紡いでいた。敵陣に竜を2枚作り、形勢は互角から勝勢に変わっている。

「川又が負けたのは分かっていました。隣ですからね。あとは三将のほうをチラリと見たら、ギャラリーが集まっていたので、いい勝負なのかな、と。まずは自分が勝つしかない、集中しようと自分に言い聞かせました」

三将戦がいい勝負という見立ては誤《あやま》りだったが、櫻井君は一歩ずつゴールに近づいていった。

自玉は堅い。着実に阿部玉へ迫ればいい。2枚の竜の利きを生かし、櫻井君は攻めた。派手さはないが、一歩一歩大地を踏《ふ》みしめるような指し方だった。

頼れるエース。みなはそう言うが、本人はどういう気分だったのだろうか。勝って当然という空気には、しばしば苦しめられたに違いない。自分より強い相手がいる部員は目標があるからいい。けれど、部内でいちばん強くなったらどうすればいいのか。後輩に将棋を教えるのは決して嫌《いや》ではなかった。それどころか楽しかった。でも、自分の将棋はいつも気にかかっていた。どうすればいまよりも強くなれるのか。ネット将棋で顔の見えない相手を仮想の敵にし、必死に腕を磨《みが》いた。

櫻井君の手がしなった。ついに決め手を放つ。阿部君が微動だにしなくなった。そして絞《しぼ》り出すように、「負けました」と漏らした。

岩手高校が1勝を返した。櫻井君は1年、2年、3年と全国大会男子団体戦で全勝という偉業を成し遂げた。

三将戦の周囲には大勢の人だかりができていた。隣の川又君と友田君は座ったまま見ている。少し離れた席の櫻井君と阿部君は、立ち上がって見守っている。

肝心《かんじん》の形勢だが、大桃君は手の施《ほどこ》しようがない局面に追い込まれていた。入玉しているので玉は安全だが、とにかく駒が足りない。

栗田君の玉は五段目にいる。あと2つ敵陣に向かって進めれば、入玉が確定する。

そうなると審判長《しんぱんちょう》の判定で持将棋。つまり、持ち駒の点数で競うことになる。それでは大差で負けなのだ。

絶望的な局面に追い込まれた大桃君は前傾姿勢で必死に読みふけっていた。闘志《とうし》は消えていないようだが、さすがに逆転は難しい。

栗田君は靴《くつ》を脱《ぬ》ぎ、椅子の上に正座をしている。腿の上に両手を置き、盤上をにらみつけている。いよいよ決めにかかるのか。

しかし、栗田君はなかなか自玉に触ろうとしない。それどころか、敵玉にちょっかいを出し始めた。大桃君の玉は捕まらないので、徒労に終わる。今度は自玉のそばに駒を打った。玉を前に進めてしまえばはっきりしているのだが、なかなか指さない。指し手がチグハグなのは否めなかった。

すでに両者とも持ち時間を使いきり、秒読みに突入している。1手30秒未満で指さなければいけない。

20秒を過ぎると、チェスクロックが1秒ごとに「ピッ」と音を立てる。そして25秒を過ぎると、「ピー」と長い音が鳴るのだ。

ピッ、ピッ、ピッ、ピッ、ピッ、ピ――。

無機質な電子音が2人を苦しめる。

顔が苦悶《くもん》にゆがんだ。

「苦しかったけど、みんなの顔が思い浮かんできて……」と大桃君は述懐する。

栗田君が敵の竜を捕まえにいった。さらに点数が加算される。しかしその代償《だいしょう》に、金《きん》を渡した。大桃君はその金を、馬《うま》に当てて打ち付けた。逃げられれば苦しい。しかし――。

秒読みに追われていた栗田君は馬取りを放置し、竜に銀をぶつけた。

大桃君はサッと馬を取り、栗田君は竜を取った。お互いに大駒を取り合ったが、入玉に大きな役割を果たすはずだった馬が消えてしまった。先手玉はあっという間に心もとなくなった。

少し考えた大桃君は☖8三銀（B図）と打ち付けた。先手の入玉を阻止《そし》し、敵陣に押し戻すことに成功した。

大逆転――。

【B図は△8三銀まで】

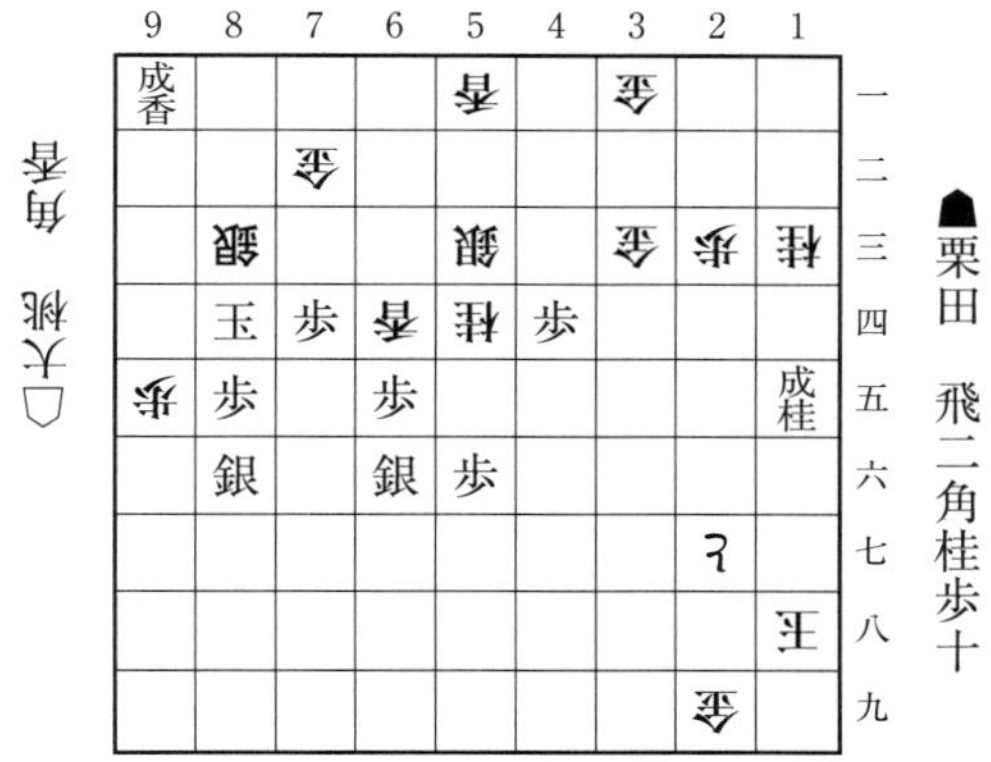

奇跡の3連覇達成

3連覇を達成した瞬間、藤原先生が大きくうなずいた。誰かが「よっしゃ」と鋭く叫《さけ》んだ。この勝利をどう形容すればいいのだろう。奇跡《きせき》という言葉は乱用してはならない。しかし、本局では使ってもいいだろう。それほど絶望的な局面からの勝利だったからだ。

感想戦はほとんど行われなかった。席を立った大桃君のもとに櫻井君と川又君が駆《か》け寄った。3人がガッチリと握手《あくしゅ》をする。弾《はじ》けるような笑顔だった。

表彰式。

川又君が優勝杯を受け取る。そして櫻井君が真紅の優勝旗を手にした。本当に一晩優勝旗を預けただけで、翌日には取り返してしまった。

次は準優勝の表彰だ。藤枝明誠の3人は沈《しず》んでいるように見えた。まさに明と暗。予選と決勝で2度負けたのだから、厳しい言い方をすれば完敗ということになる。特に栗田君のショックは大きいだろう。あの将棋を負けたのだから。

しかし、彼はまだ2年生だ。

この大会の3ヵ月後に行われた新人戦で、栗田君は静岡県の個人戦で優勝。2014年2月の全国大会に出場し、見事に予選突破を果たした。今後が楽しみだ。阿部君も友田君も、今後は一般のアマ大会で大いに活躍を見せてくれるだろう。阿部君は大会後、藤枝明誠高校棋道部のネット掲示板に、長崎まで駆けつけたOBや応援者に感謝の言葉を述べ、母校棋道部と静岡県将棋界の発展に貢献したいと綴《つづ》っていた。

表彰式が終わって会場の外に出ると、真っ青な空が広がっていた。

岩手高校一行はワゴン車へ向かった。みな、笑顔で騒いでいた。櫻井君と大桃君が言葉を交わしている。川又君は何かをこらえるような表情に見えた。あとで聞くと、「急に嬉しい感情がこみ上げてきて、大声を出したかったんです」

強さを支えたもの

ホテルに戻った後、夕食まで自由時間が与えられた。櫻井君と川又君は同部屋だ。まずは2人にそれぞれ話を聞くことにした。

櫻井君は静かに振り返った。

「すごく嬉しいです。初日はあんまり調子がよくなかったけど、今日はまずまずでした。昨日の予選で明誠に勝てたのが大きかったです。不安はあったけど、チームで勝てることが証明できたので。とにかく大桃が勝ってくれるので、自分か川又のどちらかが勝てばよかった。最後は危なかったけど、逆転してくれると信じていました」

終局後に2人が力強い握手をかわしていたシーンがよみがえった。

櫻井君は話しているうちに3連覇を実感するようになったのか、少しずつ言葉に熱がこもってきた。

「やっぱり3人揃わないとダメだと思う。『自分が負けても大丈夫』という状態にならないと。2人だけが強豪というチームは、自分が負けると後がない」

ただし、将棋が強い3人が集まるだけではダメだという。

「みんなで勝とうという雰囲気がないと。それがあるからあきらめないし、最後まで頑張れる」

頼れるエースは最後に、「キズナ」という言葉を口にした。少し照れていたけれど。

川又君は苦笑いを浮かべていた。「オレ、何もしてないです」と言う。4勝3敗。

藤枝明誠には2回続けて負けた。

「自分の結果は悔《く》いが残ります。特に決勝戦は……。途中までは自信のある局面が続いていたけど、1回ミスをしたんです。まだ立て直しは利いたと思うけど、秒読みになったこともあってズルズル崩れてしまった」

やはり川又君も仲間の存在に心強さを感じていた。

「本当に2人のおかげですよね。オレが負けても不思議と勝つんですよ。3人のつながりが大事だってあらためて思いました。先輩たちを見て分かってたけど、心の底から実感することができた」

来年は3年生。当然、チームの中心になる。大会からひと月後、川又君は畑谷君から主将に任命された。岩手高校には高校選手権団体4連覇の大記録が懸かる。

「今回、3年の2人に引っ張ってもらったように、今度は自分がやらなきゃいけない」

そう言って表情を引き締めた。

1人で外出していた大桃君がホテルに戻ってきた。コンビニでマンガを読んでいたという。

「2日間、落ち着いて指せたのがよかった。いままで先生に何度も『落ち着け』とアドバイスされていたので、そこは意識していたんです」

いちばん印象に残っている将棋は、やはり決勝戦だという。

「局面は絶望的だったけど、絶対にあきらめちゃダメだって自分に言い聞かせていた。川又が負けたのは知ってたけど、アスカの結果は分からなかった。でも、絶対に勝っているって信じていました。だから自分が勝てば優勝できるんだって」

勾玉のペンダントはもう胸になかった。畑谷君に返したのだという。

「ペンダントを買った吉野ヶ里遺跡に行った時も、雨が降ってたから正直、外に出たくなかった。でも、みんなが行くのを見て、自分も自然に席を立っていました。昔の自分だったら、クルマの中に1人でいたと思います。そうしたらペンダントを買おうって持ちかけられて。なくしちゃったけど、よかったです」

櫻井君、川又君からも聞いていたが、これまで2人とは特別親しいわけではなかったという。ただ3年生になってからしばしば、2人に誘われるようになった。

「大会前に『指そう』って。あとアスカから、『ネット将棋のレーティングをもっと上げたほうがいいよ』ってアドバイスされました」

どうすれば仲間に信頼されるのか。そのことに悩んでいた時期もあった。周囲も、大桃君の意識が変わったことに気づいたのだろう。

最後にいちばん聞きたかったことを尋ねた。

「仲間に信頼される将棋を指したい」と言ってたけど、どうだった？

「指せました」

そう言って、大桃君はにっこり笑った。

後日談――。

ひと月後、岩手高校囲碁将棋部は、岩手県庁に3連覇の報告に行った。その後に自由時間があった3人は「打ち上げ」と称して、街に繰り出した。3人で一緒に遊んだことは、それまでに一度もなかったのに。

彼らはなぜ勝てたのか

岩手高校3連覇のニュースが伝えられると、ネット上では様々な反応が見られた。ほとんどは健闘を称える肯定《こうてい》的なものだったが、一部にはそうでないものもあった。

それは「団体戦メンバーの3人は岩手県出身ではない。強い生徒を県外から連れてきているだけ」などと、岩手高校が推薦《すいせん》制度で将棋の強い生徒を集めているから勝てるのだろうという声だった。

前述したように、確かに3人は岩手県出身ではない。櫻井君は青森県、川又君は茨城県、大桃君は新潟県の出身だ。県外入学者の彼らは、学校から徒歩すぐの寮で生活をしている。

岩手高校に「クラブ推薦入試」制度があることは事実だ。部活の顧問が勧誘《かんゆう》することもあれば、生徒自らが志願して受験するケースもある。ただ囲碁将棋部に関していえば、藤原先生は面識のない生徒を誘うことはない。また最近は、生徒同士のつながりで入部してくる子が多く、先生は勧誘活動をしていないという。

そもそも推薦制度は否定されるべきものだろうか。

いくら能力のある生徒を連れてきても、それだけで優勝できるわけではない。彼らに適した指導方法を採り、刺激を与え、彼ら自身が自分の頭で物事を考え、成長するように促《うなが》す必要がある。岩手高校囲碁将棋部がどれだけ精魂《せいこん》を傾《かたむ》けて日々活動しているか、ここまで読んでいただいた方はお分かりいただけると思う。

また「岩手高校に推薦で来た生徒の実力は決してズバ抜けていない」と指摘するのは勝又六段だ。

「アスカ君も大桃君も、中学時代は目立った成績を残していません。彼らは岩手高校に来て明らかに強くなりました。藤原先生が彼らの力を引き上げた側面が強いと思います」

そういえば、高校時代に全国三冠を達成したOBの中川慧梧君も、中学時代には全国制覇をしていない。またよく勘違《かんちが》いされるそうだが、彼は推薦制度を利用していない。一般入試で受験し、岩手高校に来たのだ。

藤原先生はこう語った。

「Aチームの3人は確かに岩手県出身ではありません。でも、ウチの活動をちゃんと見たうえでの発言なのかな、と思うこともあります。ボランティアや出前の将棋教室をたくさんやって、地元の人たちとたくさん触れ合っています。中川慧梧はどこに行っても大人気で、握手やサイン攻めにあっていました。他県出身でも一生懸命岩手に溶《と》け込もうと努力し、愛されている人間は岩手県民ではないのでしょうか」

岩手高校囲碁将棋部は2010年に日本将棋連盟の支部として認可された。年に2回行っている強化合宿では、支部の普及活動の一環《いっかん》として、小学生の参加を認めている。そこに参加した子らが自ら「ここに来たい」と進学を希望することもある。藤原先生は、将棋が好きな子に目をかけ、彼らが強くなるような環境をひたすら整えた。それはとても自由で、楽しい雰囲気だった。だからこそ多くの子供たちが入学を希望し、そして大きく成長したのだ。

彼らは自分ひとりの力では成し遂げられないことも、他人と力を合わせることによって達成できることを身を持って学んだ。仲間を信じ、思いやること。逆に信じてもらうために、自らが変わろうと努力をすること。それは高校生という人生で最も感受性が豊かな時期に経験できる最良のことではないだろうか。出身地なんて関係ない。そのことは、全国大会の2日間で大いに感じることができた。

今後、彼らは一般大会でも活躍するだろう。それはアマ棋界にとっても大歓迎《かんげい》すべきことだと思う。優れた人材が集えば、さらなるレベルアップが見込めることは言うまでもない。高校将棋界という単位だけで考えずに、もっと大きな視点を持てば、おのずと答えは見えてくるのではないか。

3人は、優勝後の取材で口を揃えて言った。

「岩手高校に来て本当によかった。もしそうでなかったら、いまの自分はありません」


2014年。

櫻井君と大桃君は、OBの中川慧梧君が在学する立命館大学に進学した。大学将棋で活躍するニュースもそのうちに聞こえてくるだろう。

川又君は主将になり、部を引っ張っている。岩手高校は、今夏の高校選手権で男子団体4連覇を目指す。

彼らの立てる駒音は、今日も力強く響いている。

本書は２０１４年６月に『一点突破　岩手高校将棋部の勝負哲学』として、
ポプラ新書より刊行したものを、ルビを加え選書化したものになります。

★藤原隆史（ふじわら・たかし）

1971年、岩手県生まれ。盛岡市にある私立岩手中・高等学校数学科教諭。同校囲碁将棋部顧問。94年、同校に着任し、将棋同好会設立に尽力。当初のメンバーは将棋の初心者3人だったものの、徐々に実力を伸ばしてクラブ・部へと昇格、昨今は中高合わせて常時50人程度の部員をかかえる組織に発展させた。将棋アマ四段、囲碁六段。自身も岩手中高の卒業生。現在、高校棋界でもっとも注目を集める存在である。

岩手高校囲碁将棋部は中高合同の練習をおこなっており、将棋のみならず囲碁にも力を入れている。創部4年目にして全国高校将棋選手権・男子団体部門に出場、2003年以降12年連続出場中。07年以降は7年連続表彰台に上り続けている。10年には在籍していた中川慧梧（現・立命館大、アマ六段）が、史上初の高校全冠制覇を達成。同年、中学・高校では初の日本将棋連盟の支部として認可され、地域での普及活動にも力を入れている。12年、活動に密着取材したドキュメンタリー番組『ザ・ノンフィクション 偏差値じゃない。〜奇跡の高校将棋部〜』（フジテレビ系列）が放送され大反響、第50回ギャラクシー賞選奨受賞。13年8月、全国高校将棋選手権・男子団体部門において3年連続優勝。部のこれまでの功績が認められ、盛岡市民栄誉賞を受賞。14年、同部をモデルにした青春小説『将棋ボーイズ』（幻冬舎文庫）が刊行された。

★大川慎太郎（おおかわ・しんたろう）

1976年、静岡県生まれ。日本大学法学部新聞学科卒業後、出版社勤務を経てフリーに。2006年より将棋界で観戦記者として活動する。著書に『将棋・名局の記録』（マイナビ出版）、『不屈の棋士』（講談社現代新書）がある。

未来へのトビラ
A Door to the Future

ポプラ選書　未来へのトビラ

一点突破　**岩手高校将棋部の勝負哲学**

2018年4月　第1刷発行

著者	藤原隆史・大川慎太郎
発行者	長谷川 均
編集	浅井四葉
発行所	株式会社 ポプラ社 〒160-8565 東京都新宿区大京町22-1 電話 03-3357-2212（営業）03-3357-2305（編集） 振替00140-3-149271 一般書事業局ホームページ www.webasta.jp
ブックデザイン	bookwall
印刷・製本	中央精版印刷株式会社

N.D.C.916/206P/19cm ISBN978-4-591-15790-9